COLEÇÃO EXPLOSANTE

ubu

**INTRODUÇÃO
LEDA PAULANI**

**POSFÁCIO
NDONGO SAMBA SYLLA**

**EDIÇÃO DEFINITIVA
ESTABELECIDA POR
ROSA FREIRE D'AGUIAR**

ubu

O MITO DO DESENVOLVIMENTO ECONÔMICO

CELSO FURTADO

7 INTRODUÇÃO
Um esforço singular de interpretação:
O mito do desenvolvimento econômico,
cinquenta anos depois
Leda Paulani

21 **PREFÁCIO**

23 **[1] TENDÊNCIAS ESTRUTURAIS DO SISTEMA CAPITALISTA NA FASE DE PREDOMÍNIO DAS GRANDES EMPRESAS**
23 A profecia de colapso
29 A evolução estrutural do sistema capitalista
54 As grandes empresas nas novas relações centro-periferia
71 Opções dos países periféricos
80 O mito do desenvolvimento econômico

89 **[2] SUBDESENVOLVIMENTO E DEPENDÊNCIA: AS CONEXÕES FUNDAMENTAIS**

109 **[3] O MODELO BRASILEIRO DE SUBDESENVOLVIMENTO**
109 Desenvolvimento e modernização
115 O desempenho da economia brasileira
118 A nova estratégia

125 **[4] OBJETIVIDADE E ILUSIONISMO EM ECONOMIA**

133 POSFÁCIO
Ndongo Samba Sylla
157 Sobre o autor

INTRODUÇÃO
UM ESFORÇO SINGULAR DE INTERPRETAÇÃO:
O MITO DO DESENVOLVIMENTO ECONÔMICO,
CINQUENTA ANOS DEPOIS

Leda Paulani

Se há um traço distintivo na obra de Celso Furtado é a ideia de que não havia restrições objetivas para que o Brasil se tornasse um país forte, soberano, senhor de seu destino, com economia e cultura próprias e com um lugar ao sol no comando dos rumos mundiais. Mas, nele, isso nunca foi reflexo de um imaginário nacional grandioso, mas vazio, que se escorava preguiçosamente na fantasia do "país do futuro". Ao contrário, sua percepção embasava-se na análise que fazia do processo socioeconômico que ocorria por aqui, análise fundamentada teoricamente, colocando sempre como pano de fundo a conexão da economia brasileira com o andamento da acumulação de capital em nível mundial. Celso Furtado era um economista político. Mas, mais que isso, era um militante, que nunca deixou de lutar para que essa esperança se objetivasse, e foi nessa condição que ocupou importantes cargos em vários governos. Constituiu-se, por isso, num intérprete privilegiado das venturas e desventuras desta periferia.

No entanto, para falar cinquenta anos depois deste pequeno grande livro chamado *O mito do desenvolvimento econômico*, quero trazer à baila uma questão um tanto rarefeita e, à primeira vista, distante tanto do tema do livro como do propósito de escrever sobre ele meio século depois. Refiro-me à questão metodológica, ou metateórica, ou epistemológica, como queiram. Para mostrar em que medida este livro pode ser entendido como um esforço singular de interpretação, é preciso considerar não só que Furtado era um economista político, e que teve possibilidades concretas, como homem de Estado, de apurar ainda mais suas análises. É preciso levar em conta também o que significava para ele o processo de produção do conhecimento, sobretudo no campo das ciências sociais. O desvio não será muito grande, não só porque o próprio livro traz também um ensaio metodológico, o que indica a importância que Furtado conferia ao tema, como porque, dado seu objeto, a reflexão mesma em torno da questão metateórica nos trará rapidamente de volta ao mito do desenvolvimento econômico.

Apesar de haver muito dessa discussão em sua tríade autobiográfica,[1] valho-me aqui, para tanto, de uma entrevista que tive o privilégio de fazer com ele em 1997, e de onde se extraiu um depoimento que foi publicado na revista *Economia Aplicada*,[2] então do IPE-USP.[3] Naquela tarde, passada no Rio de Janeiro, em conversa com o grande economista, que impressionava por sua figura intensa e forte, mas igualmente serena, ouvi que ele tivera três ordens de influência: a do positivismo (ele tinha uma biblioteca positivista em casa, segundo informou), que lhe permitiu adotar uma sorte de "metafísica construtiva" que lhe trouxe confiança na ciência, a de Marx, através da sociologia do conhecimento de Karl Mannheim, que o projetou na história, e, por meio de Gilberto Freyre, a da sociologia americana, que o alertou para a importância da dimensão cultural e do relativismo que daí deriva.

---

1 Cf. Celso Furtado, *Obra autobiográfica* (3 v.). Rio de Janeiro: Paz e Terra, 1997.
2 Id., "A longa busca da utopia". *Economia Aplicada*, v. 1, n. 3, 1997, pp. 545-63.
3 Antes vinculada ao Instituto de Pesquisas Econômicas da FEA-USP (IPE-USP), responsável pela pós-graduação em Economia da Universidade de São Paulo (campus Butantã), a *Economia Aplicada* passou, alguns anos depois, para a gestão da FEA-USP de Ribeirão Preto.

Das três fontes de influência, disse que a primeira depois refutou, porque foi perdendo a confiança na ciência. O que permaneceu muito forte nele foi o "historicismo" de origem marxiana, ou seja, a percepção de que a história é o contexto que envolve tudo e que dá ao homem um marco de referência para pensar. Para ele, "quem não tem esse pensamento histórico não vai muito longe. Isso é o que separa um pensador do economista moderno, que pretende ser um engenheiro social".[4] Na mesma linha, ele vai afirmar pouco mais à frente que "a economia vai se tornando uma ciência cada vez mais formal, que é exatamente a negação da ciência social".[5]

De toda forma, a combinação das três heranças resultou numa visão da produção do conhecimento sobre o mundo social que, além da inescapável consideração da história, associa ao necessário saber teórico e analítico também a imaginação. Para ele, a ciência se constrói, em grande parte, por aqueles que, confiantes em sua imaginação, são capazes de, empurrados pela intuição, ultrapassar determinados limites. Para Furtado, toda a teorização que se construiu, a partir da Comissão Econômica para a América Latina e o Caribe (Cepal), entre os anos 1950 a 1970, sobre a singularidade latino-americana foi resultado dessa postura: "Acredito que o passo a mais que nós demos na América Latina foi justamente este: imaginamos que éramos capazes de identificar os nossos problemas e de elaborar uma teoria para eles, ou seja, imaginamos que havia uma realidade latino-americana, uma realidade brasileira, e então o fundamental aí tinha que ser captado dessa realidade".[6] *O mito do desenvolvimento econômico* é igualmente resultado desse espírito.

Além da imaginação, há ainda outro elemento apontado por Furtado como essencial. Segundo ele, é preciso ter compromisso com alguma coisa, ou seja, se o objeto cujo conhecimento se busca é a realidade social, o diletantismo não

---

4 Id., "A longa busca da utopia", op. cit., p. 545.
5 Ibid., p. 549.
6 Ibid., pp. 546-47.

é suficiente para que a imagem de atividade nobre que a ciência carrega tenha efetividade: "A ciência social tem que responder às questões colocadas pela sociedade [...], não podemos nos eximir de compromissos mais amplos, porque há muitas áreas que não merecem atenção da ciência, e são áreas vitais".[7] Assim, por mais que haja consciência dos limites ao desenvolvimento do conhecimento que lhe são intrínsecos, ou seja, criados pela própria sociedade, é preciso insistir na produção de uma ciência social pura, que não seja refém de interesses e clientelas específicos. Mas não é fácil, ele avisa.

Para o próprio Celso Furtado, no entanto, isso nunca foi um problema. *O mito do desenvolvimento econômico*, escrito num momento em que se entoavam loas ao dito "milagre econômico" – seis anos de crescimento a taxas que hoje diríamos "chinesas" –, não se deixou seduzir pelo clima de euforia (construído, ademais, sob as botas dos militares). Considerado o momento de seu nascimento, não foi pouca coisa, em meio a tanto ufanismo, adentrar a cena um livro que insistia em que, para países periféricos como o Brasil, o desenvolvimento econômico, se entendido tão somente como a possibilidade de os países mais pobres alcançarem em algum momento o padrão de vida dos países centrais, era um mito; mais ainda, um mito que se configurava como "um dos pilares da doutrina que serve de cobertura à dominação dos povos dos países periféricos" [p. 88]. Seu compromisso com o país obrigou-o a dizer que era melhor ir devagar com o andor, escapar de objetivos abstratos, como o puro e simples "crescimento", e realizar a tarefa básica de identificar as necessidades fundamentais do coletivo.

E com isso chegamos ao livro objeto deste prefácio, não sem antes enfatizar que ele jamais teria sido escrito se a pena que o redigiu tivesse por dono um economista convencional, que elabora seus modelos sem pudor, alheio à história e às carências de seu país, esquecendo-se, como

---

[7] Ibid., p. 547.

disse Furtado na citada entrevista, "que a ciência social se baseia na ideia de que o homem é, antes de tudo, um processo, não é um dado, uma coisa inerte".[8]

São quatro os ensaios que compõem o livro. O primeiro, o mais longo e então inédito, cuja quinta e última seção fornece o nome da obra, versa sobre as tendências estruturais do sistema capitalista na fase de predomínio das grandes empresas. A seu lado vão mais três peças: uma reflexão sobre desenvolvimento e dependência, que o próprio Furtado considera, na apresentação que faz, como o núcleo teórico dos demais, uma discussão sobre o modelo brasileiro de subdesenvolvimento e, por fim, o dito "ensaio metodológico", no qual o autor, não por acaso, faz uma digressão sobre objetividade e ilusionismo em Economia.

O que conecta os quatro ensaios, para além de terem sido escritos entre 1972 e 1974 – período em que Celso Furtado atuou como professor visitante na American University (Estados Unidos) e na Universidade de Cambridge (Inglaterra) –, é o espírito militante do autor e sua inquebrantável disposição para analisar, alertar e apontar os descaminhos que ia tomando o desenvolvimento brasileiro, assentado em imensas desigualdades e delas dependente para ser "bem-sucedido". Daí todo seu esforço de sustentar a análise na discussão sobre as tendências estruturais do sistema capitalista. Como pensar o desenvolvimento de um país periférico como o Brasil sem vinculá-lo ao plano internacional?

O objeto inicial de exame no ensaio que dá título ao livro é o estudo *The Limits to Growth* [Limites do crescimento], trabalho realizado por Donella H. Meadows, Dennis L. Meadows, Jorgen Randers e William W. Behrens em 1972, no Instituto de Tecnologia de Massachussetts (MIT), nos Estados Unidos, para o Clube de Roma. No estudo, que ficaria bastante famoso (traduzido para 30 idiomas, vendeu mais de 30 milhões de cópias) há aquilo que Furtado vai chamar de "profecia do colapso". A tese central é que se

---

8 Ibid., p. 549.

o desenvolvimento econômico, nos moldes em que ia se dando nos países mais avançados, fosse universalizado, a pressão sobre os recursos não renováveis e a poluição do meio ambiente seriam de tal ordem que o sistema econômico mundial colapsaria.

Furtado discorda da tese, não por divergir da questão em si, isto é, do problema causado pelo consumo exacerbado de recursos não renováveis e da deterioração ambiental que daí advém. Ao contrário, chega mesmo a dizer que "em nossa civilização, a criação de *valor* econômico provoca, na grande maioria dos casos, processos irreversíveis de degradação do mundo físico", e que, portanto, é preciso reconhecer "o caráter predatório do processo de civilização, particularmente da variante desse processo engendrada pela revolução industrial" [p. 28]. Sua discordância deriva do pressuposto da tese, a saber, que o desenvolvimento era um processo de tipo linear, pelo qual passariam todos os países, de modo que, em algum momento da história, todos teriam o mesmo tipo e o mesmo nível de desenvolvimento então em vigor nos países centrais. Para nosso autor, a tese, totalmente equivocada, se chocava com aquela que ele considerou, na entrevista, como "a contribuição mais importante que dei à teoria econômica",[9] qual seja, sua teoria do subdesenvolvimento, que ele desenvolvera uma década antes. Se o subdesenvolvimento era, não uma etapa, mas um tipo específico de desenvolvimento capitalista, a tese linear estava descartada por definição, o que tornava pouco realista a profecia do colapso.

Muito marcado pelo que ia se dando no Brasil, Furtado concluíra que, dada a divisão internacional do trabalho, consagrada com a consolidação do capitalismo, passaram a existir estruturas socioeconômicas em que o produto e a produtividade do trabalho crescem por mero rearranjo dos recursos disponíveis, com progresso técnico insignificante, ou, pior ainda, por meio da dilapidação de reservas

---

9   Ibid., p. 556.

de recursos naturais não reprodutíveis. Assim, o novo excedente não se conectava com o processo de formação de capital, tendendo tais economias a se especializarem na exportação de produtos primários.

Todavia, para Furtado, mais do que a tendência à produção de bens primários, sobretudo agrícolas, o que estabelecia a linha demarcatória entre desenvolvimento e subdesenvolvimento era a orientação dada à utilização do excedente engendrado pelo incremento de produtividade. Nessas economias, de fraca formação de capital, o excedente, transmutado em capacidade para importar, permanecia disponível para a aquisição de bens de consumo. Assim, era pelo lado da demanda de bens de consumo que tais países se inseriam mais profundamente na civilização industrial. A industrialização por substituição de importações, quando surge pelas mãos de subsidiárias de empresas dos países cêntricos, acaba então por reforçar "a tendência para a reprodução de padrões de consumo de sociedades de muito mais elevado nível de renda média", resultando daí a "síndrome de tendência à concentração de renda, tão familiar a todos os que estudam a industrialização dos países subdesenvolvidos" [p. 37].

A esse traço, que, no segundo ensaio do livro, Furtado relaciona com aquilo que chama de "dependência cultural" (sobretudo das elites), ele associa as características tomadas pelo processo de acumulação naquele momento, a saber, o fato de serem as grandes empresas internacionais a dar-lhe o tom. Entre essas características, o domínio dos oligopólios (com os padrões de consumo se homogeneizando no plano internacional), operações em centros de decisão que escapam ao controle dos governos nacionais, é uma tendência à construção de um espaço unificado de atuação capitalista.

Nesse contexto, os países periféricos, em meio à industrialização por substituição de importações, verão um processo de agravamento de suas disparidades internas. Ao utilizarem tecnologia em geral já amortizada, as grandes empresas oligopólicas conseguiam superar o obstáculo produzido pela incipiente formação de capital, mas industrializavam a periferia perpetuando o atraso cifrado na desigualdade. Sem o dinamismo econômico do centro do sistema, caracterizado por permanente fluxo de novos produtos e elevação dos salários reais, o capitalismo periférico, em contraste, "engendra o mimetismo cultural e requer permanente concentração de renda" [pp. 55-56].

Em poucas palavras, para Furtado, a evolução do sistema capitalista que ele presenciara caracterizava-se por "um processo de homogeneização e integração do centro, um distanciamento crescente entre o centro e a periferia e uma ampliação considerável do fosso que, na periferia, separa uma minoria privilegiada e as grandes massas da população" [p. 56]. Daí porque a profecia do colapso não tinha condições de vingar, já que o padrão de vida dos países do centro jamais se universalizaria na periferia do sistema.

O Brasil, com sua expressiva dimensão demográfica e um setor exportador altamente rentável, mostra Furtado no terceiro ensaio do livro, tornara-se um caso de sucesso do processo de industrialização, mas não conseguira operar com as regras que prevalecem nas economias desenvolvidas, de modo que o sistema então criado foi espontaneamente beneficiando apenas uma minoria.

Feito esse rápido inventário das principais observações e análises de Celso Furtado, o que podemos dizer de *O mito do desenvolvimento econômico* cinquenta anos depois? É evidente que há um contexto datado na obra, por exemplo, quando nosso autor afirma que o privilégio de emitir o dólar "constitui prova irrefutável de que esse país exerce com exclusividade a tutela do conjunto do sistema capitalista" [p. 51]. Cinco décadas depois, ainda que o privilégio continue a existir, e tenha sido reforçado pela política de Paul Volcker, presidente do Federal Reserve, ao final dos anos 1970, a liderança americana tem estado sob permanente controvérsia, principalmente por conta da assombrosa evolução da China. Da mesma maneira, considerada a forma como Furtado faz sua análise, fica implícito que ele considerava ao menos a industrialização, ainda que não a superação do atraso, como algo que tinha se consolidado no Brasil, o que, sabemos hoje, não é verdade, dado o evidente processo de desindustrialização precoce sofrido pelo país.

Isso posto, porém, os acertos de Furtado são de espantar. Nem é preciso considerar sua preocupação com o permanente desgaste dos recursos naturais, a inevitável poluição e o uso frequente de "vantagens comparativas predatórias", sobretudo na periferia do sistema, que atravessa todo o livro, evidência máxima da correta sintonia em que operava a economia política furtadiana. O que parece aqui mais importante mencionar é sua correta percepção quanto às tendências unificadoras do sistema capitalista. Note-se que estávamos em 1974, ainda bem longe, portanto, da queda do muro de Berlim e de se começar a falar em globalização, e mesmo assim ele afirma que "as tendências a uma crescente unificação do sistema capitalista aparecem agora com muito maior clareza do que era o caso na metade do decênio de 1960" [p. 20]. Associada a isso, também a percepção precisa de que ia se formando ao longo do globo uma espécie de grande e única reserva de mão de obra à disposição do capital internacional, haja vista a facilidade com que as grandes empresas podiam evitar aumentos de salário, principalmente na periferia, deslocando os investimentos para áreas com condições mais favoráveis.

Contudo, o que é de fato mais assombroso é o acerto de seus prognósticos, feitos há cinquenta anos, quanto ao destino da modernização em curso no Brasil. Desde então até hoje, com um e outro alívio trazido por políticas sociais de alto impacto implantadas por governos populares, o atraso só fez transbordar. Esse esforço singular de interpretação não teria sido possível sem a compreensão que tinha Furtado da verdadeira constituição do processo de produção de conhecimento do social, aliando à teoria e à percepção do caráter histórico dos fenômenos sob análise também a imaginação e o compromisso com a coletividade. Na já citada entrevista, diz Furtado:

Minha vida foi simultaneamente um êxito e uma frustração: um êxito pelo fato de que eu acreditei na industrialização, na modernização do Brasil, e isso se realizou; e uma frustração porque eu talvez não tenha percebido com suficiente clareza as resistências que existiam à consolidação mais firme desse processo, ou seja, que, a despeito da industrialização, o atraso social ia se acumulando.[10]

Não é preciso dizer mais, penso, sobre a importância de se voltar a ler hoje *O mito do desenvolvimento econômico*, que, em boa hora, a Coleção Explosante, da Ubu Editora, traz reeditada para o público do século XXI.

São Paulo, junho de 2024.

LEDA MARIA PAULANI é economista e professora titular do Departamento de Economia da Faculdade de Economia, Administração, Contabilidade e Atuária da Universidade de São Paulo (FEA-USP). Graduada em Economia pela FEA-USP (1976), em Comunicação Social com foco em Jornalismo pela ECA-USP (1981) e doutora em Economia pelo IPE-USP (1992), foi assessora-chefe do gabinete da Secretaria de Finanças da Prefeitura de São Paulo (2001-2003), presidente da Sociedade Brasileira de Economia Política (2004-2008) e Secretária de Planejamento, Orçamento e Gestão da Prefeitura de São Paulo (2013-2015). Em 2020, recebeu o prêmio "Personalidade Econômica do Ano" do Conselho Federal de Economia.

---

10 Ibid.

Hermano... tuya es la hacienda...
la casa, el caballo y la pistola...
Mía es la voz antigua de la tierra.
Tú te quedas con todo
y me dejas desnudo y errante por el mundo...
mas yo te dejo mudo... ¡mudo!...
¿Y cómo vas a recoger el trigo
y alimentar el fuego
si yo me llevo la canción?

León Felipe

PREFÁCIO

Os ensaios que formam o presente volume foram escritos durante minha permanência, como professor visitante, na American University (Washington, D.C.), no segundo semestre de 1972, e na Universidade de Cambridge durante o ano letivo 1973-1974. O último ensaio foi originariamente escrito para o primeiro número do hebdomadário *Opinião*, que circulou em outubro de 1972. O penúltimo foi escrito originariamente em inglês e apresentado como conferência na American University em outubro de 1972. Os primeiros dois ensaios foram escritos em Cambridge: o primeiro é inédito, se bem que retoma ideias esboçadas em trabalhos anteriores, particularmente em conferência pronunciada na Faculdade de Economia da Universidade de Cambridge em março de 1974; e o segundo foi originariamente escrito em inglês e apresentado no seminário para docentes da Universidade de Cambridge, em novembro de 1973. Este último ensaio pode ser considerado como o núcleo teórico dos demais e constitui um novo esforço de apresentação mais sistemática das ideias inicialmente sugeridas em artigo publicado no número 150 de *El Trimestre Económico* (junho de 1971) e retomadas em diversas oportunidades, inclusive no livro *Análise do "modelo" brasileiro* (1972).

O primeiro ensaio constitui um esforço de captação de aspectos fundamentais da evolução do capitalismo na fase de rápidas transformações constituída pelo último quarto de século. Os leitores que se hajam interessado por trabalhos anteriores do autor perceberão que existem diferenças entre a visão global da evolução recente do sistema capitalista, apresentada nestes ensaios, e algumas das ideias sugeridas em estudos escritos em 1967 e 1968 e recentemente republicados em *A hegemonia dos Estados Unidos e o subdesenvolvimento da América Latina* (1973). Os estudos reunidos no último livro citado foram o resultado de observações feitas durante minha permanência na Universidade de Yale, em 1964-1965, época em que se manifestavam nitidamente tendências policêntricas na economia mundial com a ruptura no mundo socialista e a brecha aberta por De Gaulle na até então rígida tutela norte-americana. Os ensaios do presente volume são o fruto de observações feitas principalmente a partir da Europa, no correr dos últimos cinco ou sete anos, período em que as verdadeiras consequências do segundo conflito mundial, no plano econômico, se manifestam com plenitude, mediante a afirmação definitiva das grandes empresas no quadro de oligopólios internacionais, o crescimento explosivo do mercado financeiro internacional, a rápida industrialização de segmentos da periferia do sistema capitalista no quadro de novo sistema de divisão internacional do trabalho. As tendências a uma crescente unificação do sistema capitalista aparecem agora com muito maior clareza do que era o caso na metade do decênio de 1960.

O meu interesse pelo fenômeno da grande empresa, como elemento estruturador do capitalismo na sua presente fase evolutiva, devo-o em boa parte a um íntimo contacto intelectual com dois economistas já falecidos: Stephen Hymer e Maurice Byé. Hymer, a quem devemos trabalhos sobre a economia internacional cujo valor seminal é hoje universalmente conhecido, foi meu companheiro na Universidade de Yale; e Byé, meu mestre de muitos anos antes, chamou-me a atenção, em 1966, para a capacidade de adaptação da grande empresa no plano internacional. Em plano distinto, mas não menos importante, é minha dívida para com Raúl Prebisch, cujas ideias sobre as relações centro-periferia constituem o ponto de partida de muitas das hipóteses aqui esboçadas. Por último, desejo expressar meus agradecimentos a Osvaldo Sunkel, que dirigiu minha atenção para novos aspectos das relações centro-periferia, e a Luciano Martins, com quem mantenho, há vários anos, um diálogo permanente sobre o sistema capitalista e suas metamorfoses.

Cambridge, junho de 1974.

[1] TENDÊNCIAS ESTRUTURAIS DO SISTEMA CAPITALISTA NA FASE DE PREDOMÍNIO DAS GRANDES EMPRESAS

A profecia de colapso

Os mitos têm exercido uma inegável influência sobre a mente dos homens que se empenham em compreender a realidade social. Do *bon sauvage*, com que sonhou Rousseau, à ideia milenária do desaparecimento do Estado, em Marx, do "princípio populacional" de Malthus à concepção walrasiana do equilíbrio geral, os cientistas sociais têm sempre buscado apoio em algum postulado enraizado num sistema de valores que raramente chegam a explicitar. O mito congrega um conjunto de hipóteses que não podem ser testadas. Contudo, essa não é uma dificuldade maior, pois o trabalho analítico se realiza a um nível muito mais próximo à realidade. A função principal do mito é orientar, num plano intuitivo, a construção daquilo que Schumpeter chamou de "visão" do processo social, sem a qual o trabalho analítico não teria qualquer sentido. Assim, os mitos operam como faróis que iluminam o campo de percepção do cientista social, permitindo-lhe ter uma visão clara de certos problemas e nada ver de outros, ao mesmo tempo que lhe proporcionam conforto intelectual, pois as discriminações valorativas que realiza surgem ao seu espírito como um "reflexo" da realidade objetiva.[1]

A literatura sobre desenvolvimento econômico do último quarto de século nos dá um exemplo meridiano desse papel diretor dos mitos nas ciências sociais: pelo menos 90% do que aí encontramos se funda na ideia, que se dá por evidente, segundo a qual o "desenvolvimento econômico", tal qual vem sendo praticado pelos países que lideraram a revolução industrial, pode ser universalizado. Mais precisamente: pretende-se que o *standard* de consumo da minoria da humanidade, que atualmente vive nos países altamente industrializados, é acessível às grandes massas de população em rápida expansão que formam o chamado Terceiro Mundo. Essa ideia constitui, seguramente, uma prolongação do mito do "progresso", elemento essencial na ideologia diretora da revolução burguesa, dentro da qual se criou a atual sociedade industrial.

Com o campo de visão da realidade delimitado por essa ideia diretora, os economistas passaram a dedicar o melhor de sua imaginação a conceber complexos esquemas do processo de acumulação de capital no qual o impulso dinâmico é dado pelo progresso tecnológico, entelequia concebida fora de qualquer contexto social. Pouca ou nenhuma atenção foi dada às consequências, no plano cultural, de um crescimento exponencial do *stock* de capital. As grandes

---

[1] Não é meu propósito abordar aqui a epistemologia das ciências sociais. Desde Dilthey sabemos que as ciências sociais "cresceram no meio da prática da vida". Cf. Wilhelm Dilthey, *Introduction à l'étude des sciences humaines* [1923]. Paris: PUF, 1942, p. 34. E Max Weber demonstrou claramente como se complementam a "explicação compreensiva" e a "compreensão explicativa" dos processos sociais. O mito introduz no espírito um elemento discriminador que perturba o ato de compreensão, o qual consiste, segundo Weber, em "captar por interpretação o sentido ou o conjunto significativo que se tem em vista". Cf. Max Weber, *Economie et Société* [1921]. Paris: Plon: 1971, t. I, p. 8. Ver também: Freund Julien, *Les Théories des sciences humaines*. Paris: PUF, 1973.

metrópoles modernas com seu ar irrespirável, crescente criminalidade, deterioração dos serviços públicos, fuga da juventude na anticultura, surgiram como um pesadelo no sonho de progresso linear em que se embalavam os teóricos do crescimento. Menos atenção ainda se havia dado ao impacto no meio físico de um sistema de decisões cujos objetivos últimos são satisfazer interesses privados. Daí a irritação causada entre muitos economistas pelo estudo *The Limits to Growth*, preparado por um grupo interdisciplinar, no MIT [Massachusetts Institute of Technology], para o chamado Clube de Roma.[2]

Não se necessita concordar com todos os aspectos metodológicos desse estudo, e menos ainda com suas conclusões, para perceber a importância fundamental que tem. Graças a ele foram trazidos para o primeiro plano da discussão problemas cruciais que os economistas do desenvolvimento econômico trataram sempre de deixar na sombra. Pela primeira vez dispomos de um conjunto de dados representativos de aspectos fundamentais da estrutura e de algumas tendências gerais daquilo que se começa a chamar de sistema econômico planetário. Mais ainda: dispomos de um conjunto de informações que nos permitem formular algumas questões de fundo relacionadas com o futuro dos chamados países subdesenvolvidos.

Em verdade, a prática de construção de modelos representativos da estrutura e do funcionamento a curto prazo de grandes conjuntos de atividade econômica não vem de hoje. Entre o *tableau économique* dos fisiocratas franceses e as matrizes de Leontief decorreram dois séculos, durante os quais algo se aprendeu sobre a interdependência das atividades econômicas. No último quarto de século foram

---

2   Cf. Donella H. Meadows, Dennis L. Meadows, Jorgen Randers e William W. Behrens III, *The Limits to Growth: A Report for the Club of Rome's Project on the Predicament of Mankind*. New York: Universe Books, 1972 [ed. bras.: *Limites do crescimento*, trad. Inês M. F. Litto. São Paulo: Perspectiva, 1973], e para a metodologia Jay W. Forrester, *World Dynamics*. Cambridge: Pegasus, 1971.

elaborados complexos modelos de economias nacionais de dimensões relativamente reduzidas, mas amplamente abertas ao mundo exterior, como a da Holanda, ou de amplas dimensões e mais autocentradas, como a dos Estados Unidos. O conhecimento analítico proporcionado por esses modelos permitiu formular hipóteses sobre o comportamento a mais longo prazo de certas variáveis, particularmente da demanda de produtos considerados de valor estratégico pelo governo dos Estados Unidos. Esses estudos puseram em evidência o fato de que a economia norte-americana tende a ser crescentemente "dependente" de recursos não renováveis produzidos no exterior.[3] É esta, seguramente, uma conclusão de grande importância, que está na base da política de crescente "abertura" da economia dos

---

3   Com base nos distintos estudos realizados nos anos recentes, o Departamento do Interior do governo dos Estados Unidos publicou em 1972 uma série de projeções da demanda de produtos básicos pela economia norte-americana até o fim do século, indicando o grau provável de dependência *vis-à-vis* de fontes externas. Segundo essas projeções, dos treze principais minerais de que depende a economia desse país para funcionar, todos, com uma exceção (os fosfatos), deverão ser abastecidos em mais de metade por fontes externas, antes do fim do século. Em 1985, nove dos treze produtos já estarão nessa situação, enquanto em 1970, apenas cinco dependiam principalmente de fontes externas. Um produto como o cobre, item tradicional nas exportações norte-americanas e ainda em 1970 totalmente abastecido por fontes internas, antes do fim do século será importado em mais de 60%. O enxofre, outro produto clássico das exportações americanas, estará em idêntica situação. Contudo, o caso mais dramático é o do petróleo: havendo sido o maior exportador mundial, os Estados Unidos tendem a transformar-se em um dos maiores importadores. Segundo o Departamento do Interior, as importações americanas de petróleo, em 1985, muito provavelmente quadruplicarão as de 1970 e, no fim do século, serão oito vezes maiores. Esses cálculos, é verdade, não tiveram em conta os efeitos do considerável aumento dos preços relativos desse produto que ocorreria no último trimestre de 1973. Se se tem em conta o aumento de preços, o valor projetado das importações de petróleo dos Estados Unidos alcançaria, em 1985, soma equivalente ao duplo do total das importações desse país em 1970.

Estados Unidos, e de fortalecimento das grandes empresas capazes de promover a exploração de recursos naturais em escala planetária. As projeções a mais longo prazo feitas no quadro analítico que acabamos de referir se baseiam implicitamente na ideia de que a fronteira externa do sistema é ilimitada. O conceito de reservas dinâmicas, função do volume de investimentos programados e de hipóteses sobre o progresso das técnicas, serve para tranquilizar os espíritos mais indagadores. Como a política de defesa dos recursos não reprodutíveis cabe aos governos e não às empresas que os exploram, e como as informações e a capacidade para apreciá-las estão principalmente com as empresas, o problema tende a ser perdido de vista.

A importância do estudo feito para o Clube de Roma deriva exatamente do fato de que nele foi abandonada a hipótese de um sistema aberto no que concerne à fronteira dos recursos naturais. Não se encontra aí qualquer preocupação com respeito à crescente "dependência" dos países altamente industrializados *vis-à-vis* dos recursos naturais dos demais países, e muito menos com as consequências para estes últimos do uso predatório pelos primeiros de tais recursos. A novidade está em que o sistema pôde ser fechado em escala planetária, numa primeira aproximação, no que concerne aos recursos não renováveis. Uma vez fechado o sistema, os autores do estudo se formularam a seguinte questão: que acontecerá se o *desenvolvimento econômico*, para o qual estão sendo mobilizados todos os povos da terra, chega efetivamente a concretizar-se, isto é, se as atuais formas de vida dos povos ricos chegam efetivamente a universalizar-se? A resposta a essa pergunta é clara, sem ambiguidades: se tal acontecesse, a pressão sobre os recursos não renováveis e a poluição do meio ambiente seriam de tal ordem (ou, alternativamente, o custo do controle da poluição seria tão elevado) que o sistema econômico mundial entraria necessariamente em colapso.

Antes de considerar que significado real cabe atribuir a essa profecia, convém abordar um problema mais geral, que o homem moderno tem tratado de eludir. Refiro-me ao caráter predatório do processo de civilização, particularmente da variante desse processo engendrada pela revolução industrial. A evidência à qual não podemos escapar é que em nossa civilização a criação de *valor* econômico provoca, na grande maioria dos casos, processos irreversíveis de degradação do mundo físico. O economista limita o seu campo de observação a processos parciais, pretendendo ignorar que esses processos provocam crescentes modificações no mundo físico.[4] A maioria deles transforma energia livre ou disponível, sobre a qual o homem tem perfeito comando, em energia não disponível. Demais das consequências de natureza diretamente econômica, como seja o encarecimento das fontes alternativas de energia, esse processo provoca elevação da temperatura média de certas áreas do planeta, cujas consequências, a mais longo prazo, dificilmente poderiam ser exageradas.

---

4 Um dos poucos economistas que se têm preocupado seriamente com esse problema, o Prof. Georgescu-Roegen, nos diz: "Alguns economistas se têm referido ao fato de que o homem não tem capacidade para criar ou destruir matéria ou energia, verdade que decorre da primeira lei da termodinâmica. Contudo, nenhum dentre eles parece haver-se colocado a seguinte questão: 'em que então consiste um processo econômico?' [...]. Consideremos o processo econômico como um todo e observemo-lo estritamente do ponto de vista físico. Vê-se de imediato que se trata de um processo parcial, circunscrito por uma fronteira por meio da qual matéria e energia são intercambiadas com o resto do universo material. A resposta à questão em que consiste esse processo é simples: ele nem produz nem consome matéria-energia; limita-se a absorver e a rejeitar matéria-energia de forma contínua. Podemos estar certos de que mesmo o mais ardoroso partidário da tese segundo a qual os recursos naturais nada têm que ver com a criação de valor concordará finalmente em que existe alguma diferença entre o que entra e o que sai do processo referido [...]. Do ponto de vista da termodinâmica, a matéria-energia entra no processo econômico num estado de baixa entropia e sai dele num estado de alta entropia". Cf. Nicolas Georgescu-Roegen, "The Entropy Law and the Economic Problem"; conferência pronunciada na Universidade de Alabama, 1970. Ver também, do mesmo autor, *The Entropy Law and the Economic Process*. Cambridge: Harvard University Press, 1971.

A atitude ingênua consiste em imaginar que problemas dessa ordem serão solucionados necessariamente pelo progresso tecnológico, como se a atual aceleração do progresso tecnológico não estivesse contribuindo para agravá-los. Não se trata de especular se *teoricamente* a ciência e a técnica capacitam o homem para solucionar este ou aquele problema criado por nossa civilização. Trata-se apenas de reconhecer que o que chamamos de criação de valor econômico tem como contrapartida processos irreversíveis no mundo físico, cujas consequências tratamos de ignorar. Convém não perder de vista que na civilização industrial o futuro está em grande parte condicionado por decisões que já foram tomadas no passado e/ou que estão sendo tomadas no presente em função de um curto horizonte temporal. À medida que avança a acumulação de capital, maior é a interdependência entre o futuro e o passado. Consequentemente, aumenta a inércia do sistema e as correções de rumo tornam-se mais lentas ou exigem maior esforço.

A evolução estrutural do sistema capitalista

As elucubrações sobre o destino de nossa civilização, por fascinantes que ocasionalmente pareçam, são de reduzido impacto sobre o espírito do homem comum. A psicologia humana é tal que dificilmente podemos nos concentrar por muito tempo em problemas que superam um horizonte temporal relativamente curto. Meu objetivo é mais limitado e preciso e pode ser sintetizado em uma pergunta simples: que opções se apresentam aos países que sofreram a deformação do subdesenvolvimento, em face das presentes tendências do sistema capitalista? De que ponto de vista o estudo a que antes nos referimos pode ter utilidade nessa exploração do futuro?

Desde logo, temos que reconhecer o irrealismo do modelo utilizado para projetar a economia mundial e, consequentemente, a irrelevância das conclusões cataclísmicas apresentadas. Como admitir que um modelo baseado na observação do comportamento histórico das atuais economias industrializadas e na presente estrutura destas possa servir para projetar as tendências a longo prazo do processo de industrialização em escala planetária? Com efeito: a estrutura do modelo se funda na estrita observação do bloco de economias que lideraram o processo de industrialização, que puderam utilizar os recursos naturais de mais fácil acesso e que lograram o controle de grande parte dos recursos não renováveis que se encontram nos países subdesenvolvidos.[5] Não se trata aqui de simplificação metodológica, de primeira aproximação a ser corrigida quando se disponha de informações complementares. Trata-se simplesmente de uma estrutura que reflete uma observação inadequada da realidade, portanto inservível para projetar qualquer tendência desta última.

A questão que vem imediatamente ao espírito é a seguinte: dispomos de suficiente conhecimento da estrutura da economia mundial (ou, simplesmente, da do conjunto das economias capitalistas) para projetar tendências significativas da mesma a longo prazo? Mesmo que não estejamos dispostos a dar uma irrestrita resposta afirmativa a essa questão, não podemos deixar de reconhecer que existe ampla informação sobre o processo de industrialização em países de diversos graus de desenvolvimento econômico.

---

5 Os autores são explícitos sobre a metodologia adotada: "A base do método", dizem, "é o reconhecimento do fato de que a estrutura de um sistema as múltiplas relações circulares, interconectadas, com intervalo de tempo, que existem entre seus componentes é frequentemente tão importante na determinação de seu comportamento quanto o são os componentes individuais eles mesmos" (D. H. Meadows et al., *The Limits to Growth*, op. cit., p. 31). E acrescentam mais adiante: "[...] um elevado grau de agregação é necessário neste ponto para fazer o modelo compreensível [...]. Fronteiras nacionais não são tidas em conta. Desigualdades na distribuição de alimentos, dos recursos e do capital estão incluídas implicitamente nos dados, mas não são calculadas explicitamente nem mostradas na produção" (ibid., p. 94).

Porque dispomos dessa informação, já não é possível aceitar a tese, esposada pelos autores do estudo, segundo a qual "à medida que o resto da economia mundial se desenvolve economicamente, ela seguirá basicamente os padrões de consumo dos Estados Unidos".[6] A aceitação dessa doutrina implica em ignorar a especificidade do fenômeno do subdesenvolvimento. A ela se deve a confusão entre economia subdesenvolvida e "país jovem"; e a ela se deve a concepção do desenvolvimento como uma sequência de fases necessárias, à la Rostow.

Captar a natureza do subdesenvolvimento não é tarefa fácil: muitas são as suas dimensões e as que são facilmente visíveis nem sempre são as mais significativas. Mas se algo sabemos com segurança é que subdesenvolvimento nada tem a ver com a idade de uma sociedade ou de um país. E também sabemos que o parâmetro para medi-lo é o grau de acumulação de capital aplicado aos processos produtivos e o grau de acesso à panóplia de bens finais que caracterizam o que se convencionou chamar de estilo de vida moderno. Mesmo para o observador superficial parece evidente que o subdesenvolvimento está ligado a uma maior heterogeneidade tecnológica, a qual reflete a natureza das relações externas desse tipo de economia.

Quando observamos de forma panorâmica a economia mundial no correr do século XIX, particularmente na sua segunda metade, percebemos que as enormes transformações ocorridas se ordenam em torno de dois processos: o primeiro diz respeito a uma considerável aceleração na acumulação de capital nos sistemas de produção, e o segundo a uma não menos considerável intensificação do comércio internacional. Ambos os processos engendraram aumentos substanciais da produtividade do fator trabalho, dando origem a um fluxo crescente de excedente que seria utilizado para intensificar ainda mais a acumulação e para financiar a ampliação e diversificação do consumo privado e público.

---

6 Ibid., p. 109.

Como foi apropriado esse excedente, e como foi orientada sua utilização, constitui o problema fundamental no estudo da evolução do capitalismo industrial em sua fase de amadurecimento. Durante uma primeira fase, grande parte do referido excedente foi canalizado para a Grã-Bretanha, transformando-se Londres no centro orientador das finanças do mundo capitalista. Financiando os investimentos infraestruturais em todo o mundo em função dos interesses do comércio internacional, a Grã-Bretanha promoveu e consolidou a implantação de um sistema de divisão internacional do trabalho que marcaria definitivamente a evolução do capitalismo industrial. Esse sistema favoreceu a concentração geográfica do processo de acumulação de capital, pelo simples fato de que, em razão das economias externas e das economias de escala de produção, as atividades industriais – às quais correspondia o setor da demanda em mais rápida expansão – tendem a aglomerar-se.

A reação contra o projeto inglês de economia mundial logo se fez sentir. A segunda fase da evolução do capitalismo industrial está marcada por essa reação: é o período de consolidação dos *sistemas econômicos nacionais* dos países que formariam o clube das economias desenvolvidas no século atual. A forma como ocorreu essa tomada de consciência constitui capítulo fascinante da história moderna, mas é matéria que escapa a nosso interesse imediato. Basta assinalar que, em toda parte, o êxito da reação esteve ligado a uma centralização das decisões econômicas bem maior do que aquela que havia conhecido o capitalismo industrial inglês em sua fase de consolidação. Em algumas partes essa maior centralização seria obtida através da preeminência do sistema bancário, o qual conheceria importante evolução estrutural; em outras o Estado nacional assumiu funções mais amplas na direção do processo de acumulação.[7]

---

7 Sobre a especificidade da industrialização retardada, na Europa, particularmente no que respeita aos aspectos institucionais, ver o trabalho clássico de Alexander Gerschenkron, *Economic Backwardness in Historical Perspective*. Cambridge: Harvard University Press, 1966,

Por toda parte essa orientação levou a alianças de classes e grupos sociais – burguesia industrial, comercial e financeira, proprietários rurais, burocracia estatal – em torno de um "projeto nacional", com repercussões significativas na evolução do capitalismo industrial. Ao passo que na fase inglesa o comércio internacional crescia mais rapidamente que a produção no centro do sistema, a tendência agora será em sentido inverso.[8] A evolução dos termos de intercâmbio tende a ser desfavorável à periferia do sistema – isto é, aos países fornecedores de produtos primários – e a acumulação continua a concentrar-se no centro, agora transformado num grupo de países em distintos graus de industrialização. Por outro lado, a nova forma assumida pelo capitalismo – maior centralização de decisões no plano nacional – facilita a concentração do poder econômico e a emergência de grandes empresas. Os mercados internacionais tendem a

---

principalmente pp. 5-50. Ver também Bertrand Gille, "Banking and Industrialization in Europe 1870-1914", e Barry Supple, "The State and the Industrial Revolution 1700-1914", in Carlo M. Chipolla (org.), *The Industrial Revolution, The Fontana economic history of Europe*, v. 3. London: Fontana, 1973.

[8] O período de mais rápido crescimento do comércio internacional, até o presente, foi 1840-1870, isto é, a fase de apogeu do projeto inglês de economia mundial, quando essa taxa alcançou a média anual de 13%. Cf. Albert H. Imlah, *Economic Elements in the Pax Britannica*. Cambridge: Harvard University Press, 1958, p. 190; e também A. G. Kenwood e A. L. Lougheed, *The Growth of the International Economy 1820-1960*. New York: SUNY Press, 1971, p. 90. Contudo, até o fim do século, o comércio internacional continua a crescer mais rapidamente que a produção no conjunto da economia mundial. As mudanças estruturais, no sentido de maior integração interna dos sistemas econômicos nacionais, que se vinham manifestando nos dois últimos decênios do século, somente terão reflexos no comportamento da economia internacional no correr do século atual. Com efeito: a partir do primeiro decênio do século e até 1950, o comércio mundial de manufaturas crescerá menos rapidamente que a produção destas. Cf. Alfred Maizels, *Industrial Growth and World Trade*. Cambridge: Cambridge University Press, 1963, pp. 139-40, p. 388.

ser controlados por grupos de empresas, cartelizadas em graus diversos.

Por que este e não aquele país passou a linha demarcatória e entrou para o clube dos países desenvolvidos, nessa segunda fase crucial da evolução do capitalismo industrial que se situa entre os anos 1870 e o primeiro conflito mundial, é problema cuja resposta pertence mais à história que à análise econômica. Em nenhuma parte, essa passagem ocorreu no quadro do *laissez-faire*: foi sempre o resultado de uma política deliberadamente concebida para esse fim. O que interessa assinalar é que a linha demarcatória tendeu a acentuar-se. Como a industrialização em cada época se molda em função do grau de acumulação alcançado pelos países que lideram o processo, o esforço relativo requerido para dar os primeiros passos tende a crescer com o tempo. Mais ainda: uma vez que o atraso relativo alcança certo ponto, o processo de industrialização sofre importantes modificações qualitativas. Já não se orienta ele para formar um sistema econômico nacional e sim para completar o sistema econômico internacional. Algumas indústrias surgem integradas a certas atividades exportadoras, e outras como complemento de atividades importadoras. De uma forma ou de outra, elas ampliam o grau de integração do sistema econômico internacional. Nas fases de crise deste último, procura-se reduzir o conteúdo de importações de certas atividades industriais, o que leva, ocasionalmente, à instalação de indústrias integradoras do sistema econômico no nível nacional. Dessa forma, por um processo inverso, através de um esforço para reduzir a instabilidade resultante da forma de inserção na economia internacional, vem a tomar forma um sistema industrial com um maior ou menor grau de integração.

Esse sistema industrial formado em torno de um mercado previamente abastecido do exterior, vale dizer, engendrado pelo processo de "substituição de importações", é específico das economias subdesenvolvidas. Ele apresenta características próprias que devem ser tidas em conta em qualquer tentativa de projeção do conjunto da economia mundial. Para compreender o que há de próprio nesse novo tipo de industrialização, é necessário dar alguns passos atrás e refletir sobre a situação daqueles subconjuntos econômicos que se integraram no sistema capitalista internacional, na fase de hegemonia inglesa, e permaneceram como exportadores de produtos primários, na fase subsequente de ampliação do centro do sistema. Nessas economias, os incrementos de produtividade resultam fundamentalmente da expansão das exportações e não do processo de acumulação e dos avanços tecnológicos que acompanhavam no centro do sistema essa acumulação. Tratava-se de incorporar recursos produtivos subutilizados ou recentemente adquiridos, como no caso da mão de obra imigrante, a um sistema produtivo que crescia horizontalmente. Esses aumentos de produtividade decorrem do que em economia, a partir de Ricardo, se chama de "vantagens comparativas". A doutrina liberal, mediante a qual os ingleses com tanta convicção justificaram o seu projeto de divisão internacional do trabalho, fundava-se nessa *lei* das vantagens comparativas.

Que países – com abundância de terras não utilizadas e a possibilidade de receber imigrantes (ou de utilizar mais intensamente uma mão de obra integrada num sistema pré-capitalista) – hajam seguido a linha de menor resistência das vantagens comparativas, não é para surpreender. Afinal de contas, a Inglaterra também estava optando pelas vantagens comparativas quando reduzia a pouca coisa a sua agricultura e se concentrava na indústria e mesmo na produção de carvão, que em parte exportava. O que cria a diferença fundamental e dá origem à linha divisória entre desenvolvimento e subdesenvolvimento é a orientação dada à utilização do excedente engendrado pelo incremento de produtividade. A atividade industrial tende a concentrar grande parte do excedente em poucas mãos e a conservá-lo sob o controle do grupo social diretamente comprometido com o processo produtivo. Por outro lado, como o capital invertido na indústria está sendo constantemente renovado, a porta fica permanentemente aberta para a introdução de inovações. Dessa forma, um sistema industrial tende a crescer por suas próprias forças, a menos que seja submetido à insuficiência de demanda efetiva. Explica-se, assim, que aqueles países que procuraram criar um sistema econômico nacional, na segunda fase da evolução do capitalismo industrial, hajam protegido atividades agrícolas e outras, que não ofereciam "vantagens comparativas". Mediante essa proteção, eles asseguravam demanda ao setor industrial, compensando amplamente com incrementos de produtividade neste setor, o que perdiam nas demais atividades "protegidas".

Nos países em que as vantagens comparativas assumem a forma de especialização na exportação de produtos primários (particularmente os produtos agrícolas), o excedente adicional assume a forma de um incremento das importações. Como a especialização não requer nem implica modificações nos métodos produtivos e a acumulação se realiza com recursos locais (abertura de terras, estradas e construções rurais, crescimento de rebanho etc.),[9] o incremento da capacidade para importar permanece disponível para ser utilizado na aquisição de bens de consumo. Dessa forma, é pelo lado da demanda de bens finais de consumo que esses países se inserem mais profundamente na civilização industrial. Esse dado é fundamental para compreender o sentido que neles tomará, em fase subsequente, o processo de industrialização. Não é minha intenção abordar aqui, em detalhe, o problema da especificidade dessa industrialização fundada na chamada "substituição de importações";[10] limitar-me-ei a assinalar que ela tende a reproduzir em miniatura sistemas industriais apoiados em um processo muito mais amplo

---

9 Ali onde a modernização da infraestrutura requeria importação de equipamentos (caso das estradas de ferro) os investimentos tendiam a ser consideráveis e demandavam cooperação externa. Contudo, a redução da capacidade para importar, decorrente do endividamento subsequente, só se faria sentir a mais longo prazo.

10 Ver, adiante, o capítulo 2, "Subdesenvolvimento e dependência: as conexões fundamentais".

de acumulação de capital. Na prática, essa miniaturização assume a forma de instalação no país em questão de uma série de subsidiárias de empresas dos países cêntricos, o que reforça a tendência para reprodução de padrões de consumo de sociedades de muito mais elevado nível de renda média. Daí resulta a conhecida síndrome de tendência à concentração da renda, tão familiar a todos os que estudam a industrialização dos países subdesenvolvidos.

A rápida industrialização da periferia do mundo capitalista, sob a direção de empresas dos países cêntricos, que se observa a partir do segundo conflito mundial e se acelerou no último decênio, corresponde a uma terceira fase na evolução do capitalismo industrial. Essa fase se iniciou com um processo de integração das economias nacionais que formam o centro do sistema. Da formulação da Carta de Havana e criação do GATT [General Agreement on Tariffs and Trade] ao Kennedy Round, passando pela formação do Mercado Comum Europeu, foram dados passos consideráveis no sentido de estruturar um espaço econômico unificado no centro do sistema capitalista. O movimento de capitais, dentro desse espaço em vias de unificação, alcançou volume considerável (principalmente dos Estados Unidos para a Europa ocidental, mas também, em fase mais recente, em sentido inverso), o que permitiu que grandes empresas se implantassem em todos os subsistemas nacionais e, também, que as estruturas oligopólicas viessem a abranger o conjunto desses subsistemas. A formação, a partir da segunda metade dos anos 1960, de um importante mercado internacional de capitais constitui o coroamento desse processo, pois permite às grandes empresas liberarem-se de muitas das limitações criadas pelos sistemas monetários e financeiros nacionais.[11]

---

11 Uma apresentação sumária dos dados relacionados com esse processo encontra-se em *Multinational Corporations in World Development*. New York: ONU, 1973. Para uma bibliografia sistemática sobre a matéria, ver Raymond Vernon, *Sovereignty at Bay* [1971]. London: Penguin, 1973.

Dessa forma, os sistemas nacionais, que constituíram os marcos delimitadores do processo de industrialização na fase anterior, foram perdendo individualidade no centro do sistema capitalista, sem que surgisse claramente outro marco para substituí-los. Tendeu a criar-se uma situação de alguma forma similar à que prevalecia na época em que a Inglaterra era sozinha o centro do sistema capitalista. Da mesma forma que o empresário inglês, que financiava o seu projeto na City, se sentia livre para localizar a sua atividade em qualquer parte do mundo, a filial "internacional" de uma empresa americana ou italiana, que é dirigida de Luxemburgo ou da Suíça, também se sente livre para iniciar ou ampliar suas atividades neste ou naquele país financiando-se da forma que lhe convém, em função de seus próprios objetivos de expansão. A diferença com o antigo modelo inglês está em que o empresário individual foi substituído pela grande empresa.

Se encontramos similitudes com o antigo modelo inglês, cabe reconhecer que também são significativas as semelhanças com o capitalismo da fase de consolidação dos sistemas nacionais. Com efeito: foi no quadro deste último que a grande empresa assumiu o papel de centro de decisão capaz de influir em importantes setores de atividades econômicas. A grande empresa requer um grau de coordenação das decisões econômicas muito mais avançado do que aquele que corresponde aos mercados atomizados. Essa maior coordenação foi inicialmente alcançada mediante a tutela do sistema bancário ou diretamente de órgãos do governo.[12] Mas à medida que as grandes empresas foram adquirindo maturidade e se foram dotando de direções profissionais, tenderam a desenvolver regras de convivência que permitiam a troca do mínimo de informações necessárias para assegurar uma certa coordenação de decisões.

---

12 Exemplo clássico de tutela exercida pelo sistema bancário é dado pela industrialização alemã. Ver nota 7, p. 32, e, para uma apresentação dos remanescentes dessa tutela, Andrew Shonfield, *Modern Capitalism*. Oxford: Oxford University Press, 1965, pp. 239-97.

Essa evolução se fez inicialmente nos Estados Unidos, onde a grande riqueza de experiência permitiu explorar múltiplas possibilidades. A tendência à concentração que criou em certos ramos situações de virtual monopólio provocou reações inversas de defesa do interesse público, como as leis antitruste do fim do século passado. Fechada a porta ao monopólio, foi necessário desenvolver formas de coordenação mais sutis. O oligopólio constitui o coroamento dessa evolução: ele permite que um pequeno grupo de grandes firmas criem barreiras à entrada de outras em um setor de atividade econômica e administrem conjuntamente os preços de certos produtos, conservando, contudo, autonomia financeira, tecnológica e administrativa. A administração dos preços cria vantagem relativa para as empresas que mais inovam tanto em processos produtivos quanto na introdução de novos produtos em determinado setor. À diferença da concorrência tradicional de preços, que se traduz em redução dos lucros, debilitamento financeiro, fechamento de fábricas, ou, no caso de que se imponha um monopolista, elevação de preços e redução de demanda, o mundo dos oligopólios se assemelha muito mais a uma corrida em que, salvo acidente, todos alcançam o objetivo final, sendo maior a recompensa dos que chegam na frente. É um esporte ao qual só têm acesso campeões, como as finais de Wimbledon.

A forma oligopólica de coordenação de decisões, graças a sua enorme flexibilidade, pôde ser transplantada para o espaço semiunificado que se está constituindo no centro do sistema capitalista. Favorecendo por todas as formas a inovação, o oligopólio constitui poderoso instrumento de expansão econômica. Graças à liberdade de ação de que vêm gozando as firmas oligopólicas, o comércio de produtos manufaturados entre os países cêntricos cresceu com extraordinária rapidez no correr dos dois últimos decênios. Por outro lado, a enorme capacidade financeira que essas firmas tendem a acumular leva-as a buscar a diversificação, dando origem ao conglomerado internacional, que é a forma mais avançada da empresa moderna.[13]

À primeira vista, pode parecer que a grande empresa deriva sua força principalmente das economias de escala de produção. Isso é apenas em parte verdade. As economias de escala são fundamentais na metalurgia, na química básica, no papel e em outras indústrias de processo contínuo, e também ali onde a mão de obra é utilizada de forma intensiva e o trabalho pode ser organizado em cadeia. Tudo isso responde apenas por uma parte do enorme processo de concentração da indústria moderna. A sua grande força deriva de que ela trabalha em mercados organizados, está em condições de administrar os preços e, portanto, de se assegurar autofinanciamento, além de poder planejar suas atividades a longo prazo. Mas não há dúvida de que foram as indústrias do primeiro tipo que constituíram o campo experimental no qual se desenvolveram as técnicas oligopólicas. Isso porque, onde as economias de escala são importantes, as imobilizações de capital são consideráveis, o que facilita a criação de barreiras à entrada de novos sócios no clube. Somente quando essas barreiras são sólidas é possível administrar preços e planejar a longo prazo. Demais, nesse tipo de indústria é muito mais difícil manter ocultos os planos de expansão. Por último, nas indústrias que produzem artigos homogêneos, os custos de produção são relativamente transparentes, na medida em que as técnicas produtivas são conhecidas. É natural, portanto, que hajam sido as empresas desse grupo as primeiras que se organizaram internacionalmente como oligopólios. E foi a evolução no país cêntrico da empresa oligopólica internacional produtora de insumos industriais que deu origem a uma das primeiras famílias de empresas diversificadas. Com efeito:

---

13 Cf. Celso Furtado, *A hegemonia dos Estados Unidos e o subdesenvolvimento da América Latina*. Rio de Janeiro: Civilização Brasileira, 1973, pp. 43-51; e J. Fred Weston, "Conglomerate Firms", in Basil S. Yamey (org.), *Economics of Industrial Structure*. London: Penguin, 1973, onde se encontra uma bibliografia seletiva sobre a matéria.

à medida que as grandes empresas internacionais se foram capacitando para administrar os preços dos metais não ferrosos, tornou-se interessante para elas transformarem-se em grandes utilizadoras desses metais. Por outro lado, para planejar a produção de cobre a longo prazo, era necessário conhecer a evolução da economia do alumínio, por exemplo. Daí a emergência de novas formas de oligopólio, visando a coordenar a economia não de um produto, mas de um conjunto de produtos até certo ponto substituíveis. Exemplo claro dessa evolução é dado pelas grandes companhias de petróleo: elas tenderam a diversificar-se no campo da petroquímica e da enorme família de indústrias que daí parte; mas também procuraram instalar-se nos setores concorrentes, do carvão à energia atômica.

Se observamos em conjunto as duas linhas de diversificação, a vertical e a horizontal, vemos que uma empresa que se expande nessas duas direções tende a ser levada a controlar atividades econômicas na aparência totalmente desconectadas umas das outras. A partir de certo momento, as vantagens da diversificação passam a ser estritamente de caráter financeiro, pois o excesso de liquidez de um setor pode ser utilizado noutro, ocasionalmente mais dinâmico. Ora, esse tipo de coordenação pode ser obtida por intermédio de instituições financeiras, por definição muito mais flexíveis. Esse processo evolutivo tende, portanto, a levar a uma coordenação financeira, através de instituições bancárias e semelhantes, e a uma coordenação oligopólica, no plano operacional.[14]

---

14 Evidentemente, a coordenação financeira pode ser levada muito mais longe do que a oligopólica. Esta última somente tem sentido na medida em que oferece vantagens operacionais e permite retificar os planos de produção e investimento de cada empresa com autonomia administrativa. A coordenação financeira, ao permitir que um ramo de atividade subsidie outro ou financie sua expansão, pode ser, teoricamente, estendida indefinidamente; situando-se a um nível de decisões extremamente geral, as deseconomias de escala são praticamente inexistentes, neste caso. Estudos recentes realizados nos Estados Unidos indicam que a coordenação financeira é muito

As observações que vimos de fazer se baseiam na observação da estrutura econômica norte-americana. Muito menos informação dispomos sobre as formas que estão assumindo os oligopólios no espaço econômico, mais heterogêneos, em processo de unificação no centro da economia capitalista. Sabemos, sim, que os recursos financeiros postos à disposição das grandes empresas cresceram consideravelmente, que os sistemas bancários nacionais europeus passaram por um rápido e drástico processo de reestruturação em base regional e que o sistema bancário norte-americano se expandiu internacionalmente de forma vertiginosa. Também sabemos que as grandes empresas operam internacionalmente através de centros de decisão que escapam, em grande medida, ao controle dos governos nacionais dos respectivos países.[15]

---

mais amplamente praticada do que geralmente se supõe. Sem assumir a forma institucional que tem na Alemanha, onde a existência do *Aufsichtsrat* (conselho supervisor da empresa) permite aos bancos atuar ostensivamente na orientação da empresa, o entrelaçamento dos diretórios e o controle de uma pequena fração do capital votante (não mais de 5%) transformaram os bancos nos Estados Unidos em centros de controle do conjunto da atividade econômica de importância que dificilmente pode ser exagerada. Assim, em 1971, conforme informações divulgadas pelo Subcomitê de Banco e Moeda do Congresso Americano, os bancos detinham em portfólio 577 bilhões de dólares de títulos emitidos por sociedades anônimas e administravam fundos que controlavam 336 bilhões de dólares adicionais em títulos financeiros dessa ordem.

15 Entre 1965 e 1972, o número de filiais de bancos americanos no estrangeiro subiu de 303 para 1009; com respeito aos grandes bancos sediados em Nova York, a participação dos depósitos estrangeiros subiu de 8,5% (dos depósitos nacionais) para 65,5%, entre 1960 e 1972. Ver *Multinational corporations in world development*, op. cit., p. 12. A expansão internacional da rede bancária de outros países cêntricos tem sido igualmente considerável, particularmente da japonesa. As operações externas de uma grande empresa são, via de regra, dirigidas ostensivamente por uma subsidiária "internacional" localizada em um país de conveniência, ainda que o centro de decisões se mantenha no país de origem da empresa.

A evolução estrutural dos países cêntricos teria necessariamente que repercutir nas relações econômicas internacionais. Nesse terreno, mais que em qualquer outro, a grande empresa leva vantagem.[16] Com efeito, somente ela está em condições de administrar recursos aplicados simultaneamente em diversos países. É natural, portanto, que as antigas transações internacionais, organizadas por intermediários que especulavam com estoques ou jogavam nas bolsas de mercadorias, venham sendo progressivamente substituídas por transações entre empresas pertencentes a um grupo, cujas atividades estão articuladas.[17] À medida que as atividades econômicas foram sendo organizadas dentro dos países cêntricos para permitir um planejamento das atividades das empresas a mais longo prazo, impôs-se a necessidade de também planejar as transações internacionais mediante contratos de suprimento a longo prazo, instalação de subsidiárias ou outras formas de articulação.

---

16   Preferimos designar simplesmente "grande empresa" o que correntemente se vem chamando "corporação multinacional". Toda grande empresa, na economia capitalista atual, excluídos os serviços públicos, é "internacional", no sentido de que atua simultaneamente em vários países, seja por meio de subsidiárias comerciais, seja por intermédio de subsidiárias produtoras ou de participação em empresas produtoras. A dimensão impõe a internacionalização, mesmo se a empresa tem o seu capital controlado por um Estado nacional. Por outro lado, uma empresa grande ou média que tenha reduzida atuação internacional, pelo fato de atuar internamente no quadro de oligopólios, necessita seguir o comportamento "internacional" do conjunto do oligopólio. Em síntese: a diferença entre "nacional" e "internacional" tende a ser secundária, importando fundamentalmente o peso relativo da empresa.

17   A ligação entre a natureza monopólica ou oligopólica das empresas e os investimentos diretos no exterior, ou seja, o relacionamento entre a economia internacional tal qual se apresenta hoje em dia e a evolução estrutural da grande empresa, deve-se ao trabalho pioneiro de Stephen Hymer, cuja tese de doutorado no MIT, *The International Operations of National Firms: A Study of Direct Investment*, data de 1960. Ver também John H. Dunning (org.), *International Investment*. London: Penguin, 1972, particularmente a introdução.

Operando simultaneamente em vários países e realizando transações internacionais entre membros de um mesmo grupo, as grandes empresas tenderam a desenvolver sofisticadas técnicas de administração de preços, que exigem na prática uma grande disciplina dos oligopólios. O mesmo produto pode ser vendido a preços diversos em vários países, independentemente dos custos locais de produção, e os preços praticados nas transações internacionais dentro de um mesmo grupo são fixados tendo em conta as diversidades de políticas fiscais, os problemas cambiais etc. Essas técnicas são praticadas no quadro dos oligopólios, portanto não devem desorganizar os mercados, nem impedir o crescimento destes. O interesse particular que apresenta o seu estudo reside em que elas permitem entrever a verdadeira significação da grande empresa na economia capitalista moderna.[18]

O traço mais característico do capitalismo na sua fase evolutiva atual está em que ele prescinde de um Estado, nacional ou multinacional, com a pretensão de estabelecer critérios de *interesse geral* disciplinadores do conjunto das atividades econômicas. Não que os Estados se preocupem menos, hoje em dia, com o interesse coletivo. À medida que as economias ganharam em estabilidade, a ação do Estado no plano social pôde ampliar-se. Mas, como a estabilidade e a expansão dessas economias dependem, fundamentalmente, das transações internacionais, e estas estão sob o controle das grandes empresas, as relações dos Estados nacionais com estas últimas tenderam a ser relações de poder. Em primeiro lugar, a grande empresa controla a inovação – a introdução de novos processos e novos produtos –

---

18 O superfaturamento e o subfaturamento são técnicas conhecidas utilizadas pelas empresas que operam no comércio internacional. Contudo, os estudos sobre esta matéria são extremamente escassos. As pesquisas feitas por Constantino V. Vaitsos, na Colômbia, puseram em evidência que os recursos transferidos internacionalmente por esses meios são muito mais importantes do que antes se imaginava. Cf. Constantino V. Vaitsos, *Transfer of Resources and Preservation of Monopoly Rents*. Washington, D. C.: Harvard University Press, 1970.

dentro das economias nacionais, certamente o principal instrumento de expansão internacional. Em segundo lugar, elas são responsáveis por grande parte das transações internacionais e detêm praticamente a iniciativa nesse terreno; em terceiro lugar, operam no mundo todo sob orientação que escapa em grande parte à ação isolada de qualquer governo, e, em quarto, mantêm uma grande liquidez fora do controle dos bancos centrais e têm fácil acesso ao mercado financeiro mundial.

O que dissemos no parágrafo anterior deve ser entendido não como declínio da atividade política, mas como transformação das funções dos Estados e emergência de forma nova de organização política, cujo perfil ainda se está definindo. Não se necessita muita perspicácia para perceber que, a partir do segundo conflito mundial, o sistema capitalista operou com unidade de comando político, apoiado em um sistema unificado de segurança. À existência dessa relativa unidade de comando político se deve a rápida reconstrução das economias da Europa ocidental e do Japão, o processo de "descolonização", a organização do Mercado Comum Europeu, a ação persistente do GATT visando ao desarmamento tarifário, os grandes movimentos de capital que permitiram às grandes empresas adquirirem a preeminência internacional, a aceitação do padrão-dólar como substituto do antigo padrão-ouro. A dificuldade para entender esse processo está em que o raciocínio analógico de muito pouco nos ajuda neste caso. É perfeitamente claro que a tutela política americana foi um resultado "natural" do último conflito mundial. Que o maior sacrifício humano e econômico nesse conflito haja cabido à União Soviética e que a destruição do poder militar e político da Alemanha e Japão haja beneficiado os Estados Unidos dentro do campo capitalista são dados da história que devemos aceitar como tais. O que interessa assinalar é que, estabelecida a preeminência política americana, criaram-se condições para que se dessem profundas modificações estruturais no sistema capitalista. Não se pode afirmar que essas modificações hajam sido desejadas e muito menos planejadas pelos centros políticos ou econômicos dos Estados Unidos. A verdade é que delas resultaram um crescimento econômico muito mais intenso e uma elevação de níveis de vida relativamente muito maior na Europa ocidental e no Japão. Aparentemente, os americanos superestimaram a vantagem relativa que já tinham obtido no campo econômico, ou superestimaram as ameaças de subversão social e a capacidade da União Soviética para ampliar a sua esfera de influência. Em todo caso, eles organizaram um sistema de segurança abrangente do conjunto do mundo capitalista e por essa forma exerceram uma efetiva tutela política sobre os Estados nacionais que formam esse mundo.[19]

É possível que a tutela política norte-americana haja sido facilmente aceita pelo fato de que, no plano econômico, ela não se ligou a um projeto definido em termos de interesses norte-americanos: foi apresentada como um instrumento de defesa da "civilização ocidental", o que, para fins práticos,

---

19 O sistema de segurança global, que abrange o mundo capitalista, comporta, evidentemente, distintos graus de autonomia nacional. A França é o exemplo conspícuo de país que defende o direito à autonomia de sua defesa, no quadro global do sistema. Essa autonomia deve ser entendida como o propósito de não assumir os riscos que implicam o controle pelos Estados Unidos das decisões fundamentais. Assim, teoricamente, os Estados Unidos poderiam "sacrificar" uma parte da Europa ocidental numa confrontação parcial com a União Soviética, a fim de preservar a integridade de seu território. A autonomia francesa significa que essa margem de manobra se reduz para os Estados Unidos, passando o território da França a gozar de proteção similar à que os americanos reservam para o seu próprio território, sem que essa situação possa ser modificada por decisão unilateral dos Estados Unidos. Um sistema alternativo foi inicialmente concebido por De Gaulle por intermédio da criação de um dispositivo conjunto (Estados Unidos, Grã-Bretanha e França) responsável pelas decisões mais importantes. Esse dispositivo não atraiu os americanos e não dispensava o desenvolvimento de um poder atômico independente em cada um dos três países. A irrelevância da autonomia francesa, como instrumento de política internacional, ficou patente no conflito do Oriente Médio de fins de 1973. A última Declaração Atlântica, de 19 de junho de 1974, confirmou a unicidade dos sistemas de defesa da Europa ocidental e dos Estados Unidos. Cf. *Le Monde,* Paris, 21 jun. 1974, p. 5.

se confundia em grande medida com a defesa do sistema capitalista. Criou-se, assim, uma superestrutura política a nível muito alto, com a missão principal de desobstruir o terreno ali onde os resíduos dos antigos Estados nacionais persistiam em criar barreiras entre os países. A reconstrução estrutural se operou a partir da economia internacional. No plano interno, os Estados nacionais ampliaram a sua atuação para reconstruir as infraestruturas, modernizar as instituições, intensificar a capitalização, ampliar a força de trabalho etc. Tudo isso contribuiu, evidentemente, para reforçar a posição das grandes empresas dentro de cada país. Mas foi a ação no plano internacional, promovida pela superestrutura política, que abriu a porta às transformações de fundo, trazendo as grandes empresas para uma posição de poder *vis-à-vis* dos Estados nacionais.

A reunificação do centro do sistema capitalista constitui, possivelmente, a mais importante consequência do segundo conflito mundial. Esse centro se apresenta, hoje em dia, como um conjunto de cerca de 800 milhões de pessoas. O seu quadro político consiste num regime de tutela, sob controle americano, no qual os Estados nacionais gozam, ainda que em graus diversos, de considerável autonomia. Nada parece impedir que a estrutura superior de poder evolua numa ou noutra direção, seja para reforçar ainda mais a posição norte-americana seja para admitir uma certa participação de outros Estados nacionais.[20] Também não se exclui a hipótese de que

---

20 As propostas americanas de 1972 visando a diferenciar planos de decisão – o que significaria institucionalizar o que está demonstrado na prática, ou seja, que os demais países do mundo capitalista não dispõem de meios efetivos para levar adiante por conta própria uma política "planetária" – são uma indicação da tendência evolutiva do sistema no decênio atual. As duas maiores nações industriais, depois dos Estados Unidos, pelo fato mesmo de que estão localizadas nas fronteiras do sistema – a Alemanha de um lado e o Japão de outro –, poderiam influenciar a evolução política deste. Contudo, essas duas nações são profundamente dependentes da forma evolutiva atual do mundo capitalista para prosseguir com a extraordinária expansão econômica de que se estão beneficiando. No plano econômico, essas

um determinado Estado nacional procure aumentar a sua autonomia. O problema principal que se coloca neste último caso é de relações com as grandes empresas. Em primeiro lugar, as grandes empresas do próprio país, as quais já não poderão operar com a mesma flexibilidade nos oligopólios internacionais e, muito provavelmente, perderão terreno para as suas rivais ou passarão, parcialmente, para o controle de uma subsidiária localizada em outro país.

O produto bruto do centro do sistema capitalista supera de muito, atualmente, 1,5 trilhão de dólares. O acesso a esse imenso mercado, caracterizado por considerável homogeneidade nos padrões de consumo, constitui o privilégio supremo das grandes empresas.[21] Dentro desse vasto mercado a chamada "economia internacional" constitui o setor em mais rápida expansão e aquele em que as grandes empresas gozam do máximo de liberdade de ação. Toda tentativa de compartimentação desse espaço da parte de qualquer Estado nacional, mesmo os Estados Unidos, encontrará resistência decidida das grandes empresas. Por outro lado, toda tentativa de compartimentação reduzirá o ritmo da acumulação e da expansão econômica, no conjunto do sistema e, mais particularmente, no subsistema, que haja tomado

---

duas nações são as maiores beneficiárias de um sistema de defesa para o qual contribuem com a mínima parte.

21   O produto *per capita* do centro do sistema capitalista (os países desenvolvidos de economia de mercado, na linguagem das publicações das Nações Unidas) foi estimado pelo Banco Mundial em 1964 dólares para 1968; e o da população da periferia do sistema (chamados países em vias de desenvolvimento) de economia de mercado em 175 dólares. Arredondando para 2 mil dólares no primeiro caso e para 200 no segundo, e tendo em conta que a população do centro se aproximava de 800 milhões, em 1970, enquanto a da periferia seria da ordem de 1,7 bilhão, conclui-se que o produto no centro seria da ordem de 1,6 trilhão de dólares e o da periferia de 340 bilhões. Ver o comunicado de imprensa do Banco Mundial, n. 38, de setembro de 1971, e, para os dados básicos de população, Kingsley Davis, "Population Policy: Will Current Programs Succeed?". *Science*, v. 158, n. 3802, 1967, pp. 730-739, e Tomas Freijka, "The Prospects for a Stationary World Population". *Scientific American*, v. 228, n. 3, 1973, pp. 15-23.

a iniciativa de isolar-se. A menos que pretenda modificar o estilo de vida de sua população e, de alguma forma, perder em grande parte as vantagens que significa integrar o centro do sistema capitalista, qualquer país, independentemente de seu tamanho, terá que conviver com as grandes empresas, dirigidas de dentro ou de fora de suas fronteiras, respeitando a autonomia de que necessitam para integrar oligopólios internacionais.

No correr do último quarto de século, o produto bruto do centro do sistema capitalista mais que triplicou, e as relações comerciais entre as economias nacionais que formam esse conjunto cresceram com velocidade ainda maior.[22] Esse crescimento se fez em grande parte no sentido de uma maior homogeneização, declinando relativamente nos Estados Unidos e aumentando com excepcional intensidade a renda per capita daqueles países em que esta era relativamente baixa, como o Japão e a Itália. Mas, se é verdade que o crescimento nos Estados Unidos foi relativamente lento, também o é que foram as grandes empresas americanas as que mais se expandiram no plano internacional.[23] Essa expansão, na maioria

---

22 O Produto Interno Bruto dos países do centro cresceu no após-guerra (dados relativos a 1950-1969) com uma taxa anual de 4,7%; no decênio dos anos 1960, fase de mais rápida integração do sistema, a taxa foi de 5,4%; a taxa de crescimento *per capita* é, no primeiro caso, de 3,5%, e, no segundo, de 4,3%. O crescimento das exportações foi ainda mais intenso: 8,6% anual no após-guerra (1948-1970) e 10,1% nos anos 1960; o comércio entre os países cêntricos conheceu uma taxa de crescimento ainda mais alta, pois a sua participação no total do comércio exterior desses países passou de 64%, em 1948, para 77% em 1970. Para os dados básicos ver Cepal, *Estudio Económico de América Latina*, v. I, quadro 2, 1971.

23 O número de subsidiárias de firmas americanas no exterior aumentou, entre 1950 e 1966, de 7 417 para 23 282 e a proporção dessas filiais em outros países cêntricos subiu de 62,8% para 65%. A expansão das grandes firmas americanas foi ainda mais intensa. Se bem a informação seja insuficiente, sabe-se que a expansão das firmas japonesas e alemãs foi ainda mais rápida, mas partindo de uma base consideravelmente inferior. Um dado comparativo pode ser obtido por meio do valor contábil dos investimentos diretos: entre 1960

dos casos, não assumiu a forma de incremento das transações comerciais dos Estados Unidos com os países em que operam

—

e 1971, os das firmas americanas passaram de 33 para 86 bilhões de dólares e os das firmas japonesas de 300 milhões para 4,5 bilhões; em 1971 os investimentos das firmas alemãs haviam alcançado 7,3 bilhões. Cf. Nações Unidas, *Multinational Corporations in World Development*, op. cit., p. 8 e quadro 8, New York, 1973. Uma ideia mais precisa do crescimento relativo do segmento internacional das economias nacionais cêntricas nos é dada por Robert Rowthorn e Stephen Hymer, *International Big Business 1957-1967*. Cambridge: Cambridge University Press, 1971, pp. 61-74. Os dados aí apresentados indicam que, no que respeita ao setor manufatureiro, o crescimento "internacional" das economias alemã e japonesa se fez essencialmente por meio de expansão das exportações, ao passo que, nos Estados Unidos e em menor escala no Reino Unido, esse crescimento assumiu a forma de expansão das vendas de subsidiárias instaladas no exterior. Assim, entre 1957 e 1965, as exportações americanas aumentaram apenas em 4,2 bilhões de dólares, ao passo que as vendas de subsidiárias de firmas americanas no exterior aumentaram em 24 bilhões; os dados relativos à Alemanha são 8,4 e 1,4 bilhões de dólares e os relativos ao Japão 5,2 e 0,6 bilhões. Parece claro que os custos substancialmente mais baixos do Japão e da Alemanha (salários muito mais baixos e rápida modernização do equipamento industrial no após-guerra) permitiram, nesses dois países, que as firmas se expandissem internacionalmente usando o caminho convencional da exportação; ademais, em face da unificação do mercado do sistema capitalista, as firmas de países com mercado local menor teriam maiores possibilidades de obter economias de escala por meio da exportação. Nos Estados Unidos, onde o mercado local permitiu às firmas manufatureiras maximizar as economias de escala, a descentralização geográfica da produção, em base internacional, se apresentou mais cedo como via de expansão privilegiada. Dados mais recentes indicam que tanto as firmas alemãs como as japonesas estão tendendo para o modelo de expansão internacional americano. Contudo, em 1971 a produção internacional japonesa (subsidiárias em todos os ramos) alcançou 9 bilhões de dólares, enquanto as exportações desse país passavam de 24 bilhões; os dados relativos à Alemanha foram 14,6 e 39 bilhões, e relativos aos Estados Unidos 172 e 43,3 bilhões. Cf. Nações Unidas, op. cit., quadro 19, e Stephen Hymer e Robert Rowthorn, "Multinational Corporations and International Oligopoly: the Non-American Challenge", in C. P. Kindleberger (org.). *The International Corporation*. Cambridge: MIT Press, 1970.

as subsidiárias de suas grandes empresas. As empresas americanas eram as que melhor estavam preparadas para explorar as novas possibilidades criadas pelas reformas estruturais ocorridas no sistema capitalista nesse período, seja em razão do maior poder financeiro de que gozavam seja à causa do avanço tecnológico que haviam ganho em campos fundamentais. Mas, ao evoluir o centro do sistema capitalista no sentido de uma maior homogeneização, as consequências na economia norte-americana não se fizeram esperar. O mais rápido crescimento da produtividade fora dos Estados Unidos provocou uma deslocação da balança comercial desse país, que tendeu a ser invadido de importações provenientes das outras nações industriais. Sendo o dólar uma moeda "reserva", o resultado foi o endividamento a curto prazo dos Estados Unidos numa escala que até então parecera inconcebível. Essa situação provocou duas consequências importantes, de naturezas diversas. A primeira consistiu na formação de uma massa de liquidez que facilitaria o rápido desenvolvimento do mercado financeiro internacional, ampliando assim o grau de liberdade de ação das grandes empresas. A segunda foi o reconhecimento de que o sistema monetário internacional atual se baseia no dólar e não no ouro. O fato de que a emissão de dólar seja privilégio do governo dos Estados Unidos constitui prova irrefutável de que esse país exerce com exclusividade a tutela do conjunto do sistema capitalista. É possível que essa tutela, no futuro, seja partilhada com outros países, substituindo-se o dólar por uma moeda de conta caucionada por um conjunto de bancos centrais. Poder emitir moeda de curso forçado internacional, independentemente da própria situação de balança de pagamentos, é privilégio real. Compreende-se, portanto, que os americanos se empenham em não o abandonar. O regime de paridades cambiais fixas, prolongado por tanto tempo, se fundava na hipótese otimista de que o diferencial de produtividade, entre os Estados Unidos e as demais economias industrializadas, se manteria. Fora dessa hipótese, ele somente seria operacional num mundo em que as relações econômicas internacionais crescessem lentamente ou se apoiassem em atividades em que as vantagens comparativas se fundassem em fenômenos naturais. O abandono da convertibilidade do dólar em ouro e da fixidez das paridades cambiais entre as principais moedas significa que o dólar se transformou em centro de gravidade do sistema de forma explícita.

Fizemos referência ao fato de que as subsidiárias das grandes empresas norte-americanas, que operam nos demais países do centro capitalista, têm crescido com intensidade maior que suas matrizes.[24] Aproveitando-se das condições favoráveis que oferecem esses países e outras ainda mais vantajosas que encontram na periferia do sistema capitalista, essas subsidiárias se expandem rapidamente e tendem a criar relações assimétricas com a metrópole. Por outro lado, durante o longo período das paridades fixas, empresas de outros países industriais em que a produtividade crescia rapidamente, particularmente o Japão e a Alemanha Federal, implantaram-se solidamente no mercado norte-americano. Criou-se, assim, uma situação estrutural pela qual as importações tendem a crescer mais fortemente que as exportações, o que não pode deixar de ter repercussões negativas no nível interno de emprego. Enfrentar essa situação com simples medidas cambiais significa elevar periodicamente os preços das importações indispensáveis e abrir a porta à degradação dos termos de intercâmbio. Dessa forma, o êxito considerável das empresas norte-americanas no exterior tem a sua contrapartida de problemas para outros setores da economia dos Estados Unidos. Com efeito, este país

---

24 Já fizemos referência ao fato de que os investimentos diretos americanos no exterior quase triplicaram seu valor contábil, entre 1960 e 1971, ao passo que a taxa de crescimento do PIB americano no após-guerra (1950-1969) foi de 3,6% anual e a de crescimento do setor industrial de 4,1%. Pode-se estimar que a expansão da produção das firmas americanas no exterior é pelo menos três vezes maior que a do conjunto das firmas que operam dentro dos Estados Unidos. Para os dados sobre o PIB americano, ver Cepal, *Estudio Económico de América Latina*, v. I, op. cit., quadro 3.

apresenta um coeficiente de desemprego muito superior ao que se observa nos demais países do centro da economia capitalista[25] e toda tentativa para reduzi-lo provoca outras perturbações. À medida que as tendências referidas se agravam e prolongam, vai surgindo uma área de fricção entre as grandes empresas e outros setores da sociedade norte-americana. É difícil especular sobre a evolução de um processo tão complexo como esse, mas não se pode excluir a hipótese de que ele tenha importantes consequências na estruturação política do mundo capitalista. Se o processo de fricção se agrava, é possível que surja uma tendência a diferenciar mais claramente o sistema de tutela política do mundo capitalista dos interesses mais específicos do Estado nacional norte-americano. A presente crise política polarizada no caso Watergate, pela qual o poder legislativo procura recuperar parte das atribuições constitucionais que lhe foram subtraídas pelo poder executivo no correr dos últimos anos, pode constituir o prelúdio de importantes reajustamentos no plano político-institucional.[26] O reforçamento do poder legislativo implicará, muito provavelmente, uma maior mobilização dos interesses que conflitam com as grandes empresas, ao mesmo tempo que poderá reduzir a capacidade do governo dos Estados Unidos para exercer a tutela internacional. Nesta hipótese, é perfeitamente possível que o sistema de tutela se reestruture em bases mais "internacionais".[27]

---

25 A taxa de desemprego nos Estados Unidos tem flutuado, nos últimos vinte anos, entre 3% e 6% e nos países da Europa ocidental entre menos de 0,5% e 3%, excluída a Grã-Bretanha.

26 O aspecto mais importante dessa crise está ligado à não execução, durante a primeira administração de Nixon, de partes da lei orçamentária. Sob o pretexto de evitar aumento da pressão inflacionária, o presidente não pôs em execução planos de gastos no campo da assistência social e do controle da poluição, o que acarretou considerável desgaste político de membros do Congresso.

27 A "internacionalização" da tutela, a exemplo da praticada pelo Fundo Monetário Internacional sobre os governos latino-americanos durante muitos anos, tende a assumir a forma de explicitação de um

As grandes empresas nas novas relações centro-periferia

As modificações estruturais ocorridas no centro, a que fizemos referência, devem ser tidas em conta em qualquer tentativa de identificação das tendências evolutivas atuais do conjunto do sistema capitalista. Em primeiro lugar, é necessário ter em conta que o processo de unificação abriu o caminho a uma considerável intensificação do crescimento no próprio centro. Com efeito: a taxa média de crescimento do bloco de países que formam o centro mais que duplicou, no correr do último quarto de século, com respeito à taxa histórica de crescimento desses mesmos países.[28] Em segundo lugar, ampliou-se consideravelmente o fosso que já separava o centro da periferia do sistema, o que em grande parte é simples consequência da intensificação do crescimento no centro.[29] Em terceiro lugar, as relações comerciais entre países cêntricos e periféricos, mais ainda do que entre países cêntricos, transformaram-se progressivamente em operações internas das grandes empresas.[30]

---

código de "normas de bom comportamento" a ser seguido pelas grandes empresas e pelos Estados, sob a supervisão de órgãos "internacionais". No estudo das Nações Unidas que citamos anteriormente se faz referência, por exemplo, à conveniência de estabelecer "um conjunto de instituições e mecanismos destinados a guiar as corporações internacionais no exercício do poder". Ver p. 50.

28   Já fizemos referência ao fato de que essa taxa, no período 1950-1969, foi de 3,5% per capita; as taxas históricas são as seguintes: França (1845-1950), 1,4%; Alemanha (1865-1952), 1,5%; Grã-Bretanha (1865-1950), 1,3%; Estados Unidos (1875-1952), 2,0%; Japão (1885-1952), 2,6%. Cf. Simon Kuznets, *Economic Growth*. New Haven: Yale University Press, 1959, pp. 20-21.

29   A taxa de crescimento da renda per capita foi de 3,5% no centro e de 2,5% na periferia, no período 1950-1969. Cf. Cepal, *Estudio Económico de América Latina*, v. I, op. cit., quadro 2. Ainda que a taxa de crescimento da renda per capita fosse idêntica, o fosso estaria permanentemente aumentando: um incremento de 3,5% em uma renda de 200 dólares corresponde a 7 dólares e numa de 2 mil a 70 dólares.

30   Exceto para os Estados Unidos, inexiste informação precisa sobre esse ponto. À medida que declina a importância relativa dos produtos

Não havendo conhecido a fase de formação de um sistema econômico nacional dotado de relativa autonomia – fase que permitiu integrar as estruturas internas e homogeneizar a tecnologia –, as economias periféricas conhecem um processo de agravação das disparidades internas à medida que se industrializam guiadas pela substituição de importações. Já fizemos referência a esse fato, consequência inelutável da tentativa de reprodução em um país pobre das formas de vida de países que já alcançaram níveis muito mais altos de acumulação de capital. Ora, esse tipo de industrialização, que em períodos anteriores tropeçava com obstáculos consideráveis criados pela falta de capitais, pela dificuldade de acesso à tecnologia, pela pequenez do mercado interno, realiza-se atualmente com extraordinária rapidez, graças à cooperação dos oligopólios internacionais. Utilizando tecnologia amortizada, algumas vezes equipamentos também já amortizados, e mobilizando capital local, as grandes empresas estão em condições de instalar indústrias na maior parte dos países da periferia, particularmente se essas indústrias se integram parcialmente com atividades de importação.

Sobra dizer que a industrialização que atualmente se realiza na periferia sob o controle das grandes empresas é processo qualitativamente distinto da industrialização que, em etapa anterior, conheceram os países cêntricos e, ainda mais, da que nestes prossegue no presente. O dinamismo econômico no centro do sistema decorre do fluxo de novos produtos e da elevação dos salários reais que permite a expansão do consumo de massa.[31] Em contraste, o capitalismo periférico engendra o mimetismo cultural e requer

---

agrícolas e aumenta a das matérias-primas minerais e, ainda mais, a dos produtos manufaturados nas exportações dos países periféricos, estas tendem a deslocar-se dos "mercados internacionais" para o âmbito interno de grandes empresas.

31 Ver, adiante, o capítulo 2, "Subdesenvolvimento e dependência: as conexões fundamentais", e também *Análise do "modelo" brasileiro*. Rio de Janeiro: Civilização Brasileira, 1972.

permanente concentração da renda, a fim de que as minorias possam reproduzir as formas de consumo dos países cêntricos. Esse ponto é fundamental para o conhecimento da estrutura global do sistema capitalista. Enquanto no capitalismo cêntrico a acumulação de capital avançou, no correr do último século, com inegável estabilidade na repartição da renda, tanto funcional como social,[32] no capitalismo periférico a industrialização vem provocando crescente concentração.

A evolução do sistema capitalista, no último quarto de século, caracterizou-se por um processo de homogeneização e integração do centro, um distanciamento crescente entre o centro e a periferia e uma ampliação considerável do fosso que, na periferia, separa uma minoria privilegiada e as grandes massas da população. Esses processos não são independentes uns dos outros: devem ser considerados em um mesmo quadro evolutivo. A integração do centro permitiu intensificar sua taxa de crescimento econômico, o que responde, em grande parte, pela ampliação do fosso que o separa da periferia. Por outro lado, a intensidade do crescimento no centro condiciona a orientação da industrialização na periferia, pois as minorias privilegiadas desta última procuram reproduzir o estilo de vida do centro. Em outras

---

32 As estatísticas disponíveis com respeito ao processo de industrialização dos Estados Unidos, da França, da Grã-Bretanha e da Alemanha põem em evidência a estabilidade tanto funcional como social da distribuição da renda, no correr do último século [XIX], tendo em conta os efeitos da ação do Estado no plano social e o incremento da participação do Estado no produto. Ademais, as informações indiretas levam a crer que no período anterior, isto é, nos primórdios da industrialização, mais provavelmente houve concentração do que desconcentração da renda. Cabe, portanto, admitir que, se a renda dos países periféricos é hoje muito mais concentrada do que a dos países cêntricos, ela também é muito mais concentrada do que foi a renda desses mesmos países em qualquer estágio anterior de seu processo de industrialização. Para os dados relativos à distribuição da renda nos países cêntricos, ver Jean Marchal e Jacques Lecaillon, *La Répartition du revenu national*, v. I e II. Paris: Génin, 1958.

palavras: quanto mais intenso for o fluxo de novos produtos no centro (esse fluxo é função crescente da renda média), mais rápida será a concentração da renda na periferia.

A intensificação do crescimento, no centro, decorre da ação de vários fatores, sendo um dos mais importantes as economias de escala de produção permitidas pela crescente homogeneização e unificação dos antigos mercados nacionais. Como a industrialização, que se realiza concomitantemente na periferia, apoia-se na substituição de importações, no quadro de pequenos mercados, é natural que os desníveis de produtividade tendam a aumentar e a descontinuidade estrutural dentro do sistema capitalista a ampliar-se. Cabe acrescentar que o crescente controle da atividade econômica no centro pelas grandes empresas e a orientação do progresso técnico para a produção em massa tornam ainda mais difícil, no quadro do capitalismo, a criação tardia de sistemas econômicos nacionais. Evidentemente a situação varia na periferia, entre países, em função da população, da disponibilidade de recursos naturais, do nível de renda anteriormente alcançado, do dinamismo das exportações tradicionais, da capacidade externa de endividamento etc. Em países de grande população, a simples concentração da renda pode permitir a formação de um mercado suficientemente amplo e diversificado.[33]

Que se pode dizer sobre as tendências evolutivas das relações entre o centro e a periferia a partir do quadro estrutural

---

[33] Com efeito: um país com 100 milhões de habitantes e uma renda per capita de 400 dólares (situação aproximada do Brasil em 1970) pode, concentrando 40% do produto em mãos de 10% da população, dotar-se de um mercado de 10 milhões de consumidores com uma renda média de 1 600 dólares, o que é suficiente para permitir a instalação de um moderno sistema industrial; um país com 10 milhões de habitantes, mesmo que tenha uma renda per capita 50% mais elevada (situação aproximada ao Chile em 1970), ainda que adote uma política igualmente drástica de concentração da renda, não disporá de mais de 1,5 milhão de pessoas com renda média de 1 600 dólares, o que seria insuficiente para fundar um sistema industrial capaz de operar a um nível adequado de eficiência.

que vimos de esboçar? Fizemos referência ao fato de que uma das características desse quadro é a crescente internalização dentro das grandes empresas das transações comerciais entre países. Também observamos que grande parte das atividades industriais na periferia surgia integrada com fluxos de importação. Dessa forma, uma mesma empresa controla unidades industriais em um país cêntrico (ou em mais de um), em vários países periféricos e as transações comerciais entre essas distintas unidades produtivas. A situação é similar à de uma empresa que se integra verticalmente dentro de um país: opera uma mina de carvão, uma siderurgia, uma fábrica de tubos etc. Existe, entretanto, uma diferença importante decorrente do fato de que, no primeiro caso, as distintas unidades produtivas estão inseridas em sistemas monetários diversos: surge, portanto, o problema de transformar uma moeda em outra, o que requer encontrar outra empresa que realize uma operação equivalente em sentido inverso, ou provocar esta operação dentro da mesma empresa ou outra do mesmo grupo. Tradicionalmente, essas operações de compensação são feitas pelos bancos. Contudo, dada a situação errática cambial e monetária de muitos países periféricos, uma grande empresa que opera internacionalmente pode preferir criar ela mesma os fluxos compensatórios, estabelecendo um sistema de preços interno que permita planejar suas atividades a mais longo prazo.

Tomemos um caso que não é típico, mas que descobre o fundo do problema. Imaginemos uma empresa petrolífera operando na Venezuela de antes das complicações fiscais atuais. Essa empresa produzia para o mercado interno uma certa quantidade de petróleo, cujos preços podiam ser mais ou menos manipulados de forma a permitir que ela obtivesse a quantidade de moeda local necessária para cobrir todos os seus dispêndios locais. Uma parte da produção seria exportada para cobrir os insumos importados, inclusive a depreciação do capital. O resto da produção (de longe a maior parte) seria exportada e corresponderia ao lucro líquido do capital investido. Nessa situação extrema, a empresa pode ignorar a existência de taxas de câmbio: se os custos em moeda local aumentam, também aumenta o preço do petróleo que ela vende localmente. Consideremos agora o caso mais real de uma indústria de máquinas de costura, cujo produto é totalmente vendido no mercado interno. A receita das vendas, depois de cobertos os gastos locais, é levada ao Banco Central para ser transformada em divisas, a fim de pagar os insumos importados e remunerar o capital. Se o Banco Central cria dificuldades na remessa de dividendos, a empresa poderá ser tentada a elevar arbitrariamente os custos dos insumos importados: materiais especiais, patentes, assistência técnica etc. Suponhamos que casos como este se multipliquem, surgindo empresas nessa situação de todos os lados; aumentaria a pressão sobre a balança de pagamentos e depreciar-se-ia persistentemente o câmbio de forma mais acentuada do que se estaria elevando o nível interno dos preços. Como o capital está contabilizado em dólares, a rentabilidade somente poderia ser mantida se os preços de venda da empresa crescessem relativamente, o que tenderia a frear a atividade industrial. Imaginemos, alternativamente, um outro cenário para nossa indústria de máquinas de costura. Suponhamos que o industrial obtenha internamente uma receita suficiente para cobrir os seus custos em moeda local, inclusive impostos e gastos financeiros locais; que em seguida exporte peças de máquinas para a matriz ou outras subsidiárias de forma a compensar os insumos que importa; e com o resto da capacidade produtiva desenvolva uma linha de produção para o mercado internacional, obtendo uma receita em divisas para remunerar o capital. Por esta forma a empresa consegue praticamente isolar-se do sistema cambial do país da subsidiária. Como a empresa está interessada em expandir-se, ela terá que praticar uma política de preços, tanto no mercado interno como no externo, capaz de fomentar a venda do produto. Contudo, em cada plano de produção ela terá que distribuir sua capacidade produtiva entre os dois mercados, tendo em conta que, a partir de certo nível, a receita em moeda local deve sofrer o deságio da transferência cambial. Suponhamos que a empresa limite as suas vendas no mercado interno ao necessário para cobrir os gastos em moeda local e que compense as importações de insumos com vendas de peças diretas à matriz. Neste caso, o lucro bruto corresponde às vendas no mercado internacional. Comparando esse lucro com o capital invertido na subsidiária, a empresa obtém a taxa de rentabilidade sem passar pelo sistema monetário do país da subsidiária. Se a mesma empresa realiza operações dessa natureza com várias subsidiárias é natural que indague que fatores respondem pelas diferenças de rentabilidade entre estas últimas. Admitindo-se que a tecnologia seja aproximadamente a mesma, os principais fatores causantes das diferenças de rentabilidade serão: a escala de produção, as economias externas locais, o custo dos insumos que não podem ser importados e dos impostos locais, em termos de produto final. Os três primeiros fatores estão estreitamente ligados à dimensão do mercado interno. Dessa forma, se admitimos que o nível dos impostos é o mesmo, a rentabilidade relativa passa a depender da dimensão relativa do mercado interno e do custo da mão de obra em termos de produção final. Ora, o efeito positivo da dimensão do mercado local tende a um ponto de saturação, o qual varia de indústria para indústria. À medida que, para determinada indústria, esse ponto de saturação é alcançado, o fator fundamental passa a ser o custo da mão de obra em termos de produto final vendido no mercado internacional.

Se observamos o quadro que vimos de esboçar de outro ângulo, vemos que a grande empresa, ao organizar um sistema produtivo que se estende do centro à periferia, consegue, na realidade, incorporar à economia do centro os recursos de mão de obra barata da periferia. Com efeito: uma grande empresa que orienta seus investimentos para a periferia está em condições de aumentar sua capacidade competitiva graças à utilização de uma mão de obra mais barata, em termos do produto que lança nos mercados. A situação é similar à das empresas que utilizam imigrantes temporários, pagando a estes salários muito mais baixos do que os que prevalecem no país. Imaginemos uma empresa americana que se situasse próxima da fronteira com o México, mas em território dos Estados Unidos, e utilizasse mão de obra mexicana paga em moeda mexicana ao nível dos salários do México; esses trabalhadores continuariam a residir no México (atravessando a fronteira diariamente) e a realizar os seus gastos nesse país. Imaginemos, demais, que essa empresa exportasse para o México mercadorias no valor exato dos gastos que realizasse em pesos mexicanos. A legislação social que prevalece hoje em dia em praticamente todo o mundo impede esse tipo de "exploração" da mão de obra. Mas se considera como normal que a mesma fábrica americana se instale do lado mexicano da fronteira, utilize mão de obra local ao nível de salários local e venda a sua produção nos Estados Unidos. Uma fórmula intermediária, que vem sendo amplamente praticada, consiste em atrair os imigrantes temporários e pagar a estes salários superiores aos que prevalecem nos países de origem, mas inferiores aos salários que seriam pagos a trabalhadores originários do país cêntrico. Em vários países da Europa Ocidental, a mão de obra estrangeira, considerada como "temporária", aproxima-se de 10% da força de trabalho, alcançando, no caso da Suíça, um terço da mão de obra não especializada.

Não existe estimativa do volume da mão de obra barata utilizada diretamente nos países periféricos pelas grandes empresas na produção manufatureira que estas destinam ao mercado internacional. Mas, em razão dos custos crescentes da mão de obra imigrante temporária, sob pressão dos sindicatos locais, e dos problemas sociais que se apresentam quando a massa de trabalhadores socialmente desintegrados cresce além de certos limites, é de esperar que a utilização da mão de obra diretamente na periferia tenda a ser a solução preferida pelas grandes empresas. Por outro lado, essa solução tende a reforçar a posição dessas empresas *vis-à-vis* dos Estados nacionais. Em síntese: se está configurando uma situação que permita à grande empresa utilizar técnica e capitais do centro e mão de obra (e capital) da periferia, aumentando consideravelmente o seu poder de manobra, o que reforça a tendência anteriormente referida à "internacionalização" das atividades econômicas no sistema capitalista.

Dissemos anteriormente que são as atividades econômicas internacionais as que mais rapidamente cresceram, no último quarto de século, no centro do sistema capitalista. Ora, as relações que se estão estabelecendo entre o centro e a periferia no quadro das grandes empresas vêm dando origem a um novo tipo de atividade internacional que pode vir a constituir o segmento em mais rápida expansão do conjunto do sistema. Cabe indagar se é adequado continuar a chamar essas atividades de "internacionais". Quando o economista pensa em termos de comércio internacional, tem em vista transações entre unidades econômicas integradas em distintas economias nacionais. O problema é menos de imobilidade de fatores, como deixam entender as formulações dos primeiros economistas que teorizaram sobre essa matéria, do que de existência de sistemas relativamente autônomos de custos e preços. Em outras palavras: a partir do momento em que se postula a existência de um sistema econômico nacional, no qual os recursos produtivos possuem um "custo de oportunidade", dado pelo melhor uso que deles se pode fazer, a opção entre produzir para o mercado interno o bem "a", ou produzir um outro bem para o mercado externo e importar o bem "a", deve ter uma solução ótima. É evidente que, se se trata de múltiplas opções, estendendo-se em períodos de tempo diversos, com repercussões retroativas umas sobre as outras, o problema nunca poderá ser adequadamente equacionado e muito menos sua solução obtida. Mas isso é diferente de dizer que a teoria está "errada".

Ora, a partir do momento em que a categoria "sistema econômico nacional" não pode ser tida em conta, o teorema não poderá ser formulado. Voltemos ao exemplo da fábrica de máquinas de costura que se instala num país da periferia e remunera o seu capital com parte da própria produção que exporta. Neste caso não existe uma contrapartida de importações, mas isso não invalida a teoria das vantagens comparativas. As importações, no caso, estão substituídas pelo fluxo de capital e tecnologia que marca a presença no país da grande empresa dirigida do exterior. Tudo se passa como se o país periférico, que dispõe de um *stock* de mão de obra, tivesse de optar entre: a) usar parte dessa mão de obra para produzir o bem "x" destinado ao mercado externo, e poder assim pagar as máquinas de costura importadas, ou, b) com parte dessa mão de obra, remunerar capital e técnica do exterior, que se instalam no país e, em combinação com outro contingente de mão de obra, produzir aquelas mesmas máquinas de costura para o mercado interno. Esse raciocínio seria correto se o marco de referência dentro do qual as decisões são tomadas estivesse constituído pelo sistema econômico nacional. Em outras palavras: caso a congruência das decisões fosse estabelecida internamente, figurando o preço dos recursos externos como simples parâmetro do problema. Ora, a realidade parece ser totalmente distinta. As decisões são tomadas pela grande empresa, para a qual o custo da mão de obra de um país periférico, em termos de um artigo que ela produz nesse país e comercializa no exterior, é um simples dado.

A grande empresa que exporta capital e técnica dos Estados Unidos para o México e instala neste país uma fábrica cuja produção se destina ao mercado americano – havendo nos Estados Unidos considerável desemprego (o custo social da mão de obra é zero) – toma decisões a partir de um marco que supera a economia norte-americana considerada em sentido estrito. A grande empresa que desvia recursos financeiros de um país periférico, porque os salários neste começam a subir, para invertê-los em outro em que a mão de obra é mais barata, também está tomando decisões a partir de um marco mais amplo. O problema não se limita, entretanto, ao âmbito estreito das opções no uso de recursos escassos concebidos abstratamente. A verdade é que a grande empresa tem como diretriz máxima expandir-se e para isso ela tende a ocupar posições nas distintas áreas do sistema capitalista.[34] Os países do centro do sistema constituem, de muito, as áreas mais importantes, razão pela qual o esforço tecnológico está principalmente orientado para atuar nesses países. Os planos de produção nos países periféricos estão condicionados por essa orientação tecnológica e os mercados internos desses países são moldados à conveniência da ação global da empresa.

Seria equivocado deduzir das observações acima que as grandes empresas atuam fora de qualquer marco de referência, o que implicaria negar, senão racionalidade, pelo menos eficiência ao comportamento delas. Mas parece fora de dúvida que esse comportamento, muito frequentemente, transcende de qualquer marco correspondente a um sistema econômico nacional. Mais ainda: nos países periféricos, a crescente ação dessas empresas tende a criar estruturas econômicas com respeito às quais dificilmente se pode pensar a partir do conceito de sistema econômico nacional. O marco das grandes empresas tende a ser, cada vez mais, o conjunto do sistema capitalista, marco este que engloba um universo econômico de grande heterogeneidade, cuja maior descontinuidade deriva do fosso existente entre

---

34 A rigor, a expansão das grandes empresas não se restringe à área do sistema capitalista; as relações econômicas entre o sistema capitalista e as economias socialistas continuam a ser essencialmente de natureza comercial, sem que isto impeça que tais transações se realizem cada vez mais por intermédio das grandes empresas; ademais, acordos de cooperação industrial estão sendo assinados em número crescente (cerca de seiscentos acordos até 1973) entre governos de países socialistas e grandes empresas do mundo capitalista. Esses acordos muito raramente envolvem participação no capital das empresas (pequenas participações já são admitidas na Romênia e na Hungria e, há mais tempo, na Iugoslávia) e geralmente estão ligados à criação de um fluxo de exportações para os países capitalistas a cargo das grandes empresas. Ver Comissão Econômica das Nações Unidas para a Europa, "Analytical Report on Industrial Co-operation Among ECE Countries". Geneva: Nações Unidas, 1973.

o centro e a periferia. Nesse mundo de grande complexidade, cheio de fronteiras nacionais, com grande variedade de sistemas monetários e fiscais, em que pululam querelas políticas locais que ocasionalmente se prolongam em guerras – tudo isso sob uma tutela frouxa e pouco institucionalizada –, as grandes empresas não podem pretender mais do que alcançar situações subótimas. Não obstante os imensos recursos que dedicam à obtenção de informações e os sofisticados meios que utilizam para elaborar essas informações, construir complexos modelos, simular cenários etc., na prática devem contentar-se com regras simples; o excepcional êxito de algumas é atribuído pelos cronistas da profissão à intuição de "homens extraordinários", repetindo-se assim uma velha legenda da história política.

A ideia, esposada por alguns estudiosos da evolução atual do capitalismo, segundo a qual as economias cêntricas tendem a uma integração crescente ao nível nacional, mediante a planificação *indicativa* ou à cartelização e interpenetração dos grandes grupos com os órgãos do Estado, tem um elemento de verdade, mas deixa de lado o essencial da evolução do capitalismo no último quarto de século.[35] É fora de dúvida que, nos últimos três decênios, as economias capitalistas industrializadas vêm operando com um grau de coordenação interna muito superior ao que antes se considerava compatível com uma economia de mercado. Essa coordenação, de inspiração keynesiana, constitui essencialmente uma conquista de tipo social: graças a ela, os custos humanos e sociais de operação das economias capitalistas foram consideravelmente reduzidos. Também é provável que essa maior coordenação haja repercutido de forma positiva nas taxas de crescimento referentes a prazos médios e longos. Mas isso é apenas uma hipótese. Pouca dúvida existe, entretanto, de que a elevação das taxas de crescimento está ligada às economias de escala, ao intenso intercâmbio tecnológico e ao movimento de capitais que

---

35 Essa ideia está brilhantemente exposta e defendida no livro de Andrew Shonfield, *Modern Capitalism*, op. cit.

acompanharam o processo de integração das economias cêntricas. Sem o esforço simultâneo de maior coordenação interna, a nível nacional, a expansão internacional sob a égide das grandes empresas teria, muito provavelmente, provocado desajustes locais, maior concentração geográfica da atividade econômica e, possivelmente, reações no plano político que quiçá viessem a retardar o processo de integração cêntrica. É sabido, por exemplo, que o forte dinamismo do setor externo dá origem a tensões internas[36] que seriam particularmente graves se essas economias não houvessem desenvolvido técnicas tão sofisticadas de coordenação a nível interno. Dessa forma, também se pode afirmar que esse avanço da coordenação, a nível interno, acelerou a integração no nível internacional. Em síntese: a ação dos Estados nacionais, no centro do sistema, ampliou-se em determinadas direções para assegurar a estabilidade interna, sem a qual as fricções no plano internacional seriam inevitáveis; mas, por outro lado, modificou-se qualitativamente, a fim de adaptar-se à atuação das grandes empresas estruturadas em oligopólios, que têm a iniciativa no plano tecnológico e são o verdadeiro elemento motor no plano internacional.

As complexas relações que existem entre os governos dos países cêntricos, isoladamente ou em subgrupos (os "dez mais ricos", a Comunidade Econômica Europeia etc.), entre esses governos e as grandes empresas (estas em casos particulares atuando coordenadamente), entre eles e as instituições internacionais (estas quase sempre sob o controle do governo americano), finalmente entre eles e o próprio governo americano, cuja posição hegemônica em pontos particulares é muitas vezes contestada; essa rede de relações dificilmente pode ser percebida com clareza. Não somente porque faltam estudos monográficos sobre muitos de seus aspectos fundamentais; mas principalmente porque ela está em processo de estruturação. A experiência tem demonstrado que a margem de manobra de que gozam os Estados,

---

36 Cf. Nicholas Kaldor, "Problems and Prospects for Reform". *The Banker*, set., 1973.

para atuar no plano econômico, é relativamente estreita. Se uma economia sofre uma deslocação, as pressões externas para que o respectivo governo adote certas medidas podem ser consideráveis. Essas pressões são exercidas por outros governos, por instituições internacionais e diretamente pelas grandes empresas. Cabe referir que estas últimas dispõem de uma massa de recursos líquidos bem superior ao conjunto das reservas dos bancos centrais.[37] A situação do governo dos Estados Unidos é certamente especial, entre muitas razões pelo fato de que emite a moeda que constitui a base do sistema monetário internacional. Contudo a experiência de 1972 pôs em evidência que o governo desse país não se pode lançar numa política de "pleno emprego" descurando-se das repercussões na balança de pagamentos. Se o endividamento externo a curto prazo passa de certa cota crítica, as grandes empresas podem exercer uma pressão sobre o dólar capaz de obrigar o governo americano a ter que escolher entre desvalorizar a moeda ou mudar o rumo da política interna.

Qualquer especulação sobre a evolução, nos próximos anos, da rede de relações que forma a nova superestrutura do sistema capitalista em processo de unificação tem valor estritamente exploratório. Duas linhas gerais parecem definir-se: por um lado o processo de integração tende a reforçar as grandes empresas, por outro a necessidade de assegurar estabilidade, a nível interno de cada subsistema nacional, requer crescente eficiência e sofisticação na ação dos Estados. A situação corrente hoje em dia é de aliança entre grandes empresas com os governos respectivos para obter vantagens internas e externas. Mas também se observa

---

[37] As reservas líquidas de que dispõem as grandes empresas no plano internacional, incluídos ativos que podem ser liquidados a curto prazo, são da ordem de 250 bilhões de dólares, superando de muito a totalidade das reservas do conjunto de bancos centrais do sistema capitalista. Cf. Comissão de Finanças do Senado dos Estados Unidos, *Implications of Multinational Firms for World Trade and Investment and for United States Trade and Labor*. Washington, D. C., 1973.

a ação conjunta de empresas originárias de países distintos visando a fazer pressão sobre os governos, inclusive o próprio. A experiência tem demonstrado que o controle do capital de uma grande empresa por um governo não afeta necessariamente de forma substancial seu comportamento nessa matéria. As empresas, por maiores que sejam, são organizações relativamente simples no que respeita aos seus objetivos. Sendo altamente burocratizadas, elas possuem grande coerência interna, o que facilita e requer a clareza de objetivos. O Estado, numa sociedade de classes e onde grupos concorrentes competem e quase sempre dividem de alguma forma o poder, constitui uma instituição muito mais complexa, de objetivos menos definidos e cambiantes, portanto menos linear em sua evolução. Não há dúvida de que as grandes empresas enfeixam um considerável poder no plano social, pois controlam as formas de invenção mais poderosas, que são aquelas fundadas na técnica e no controle do aparelho de produção. Mas quando a sociedade, ou segmentos desta, reage à asfixia criada pelo uso desse poder, as ondas que se levantam repercutem nas estruturas do Estado, de onde ocasionalmente partem iniciativas corretivas. Pode-se admitir a hipótese de que a própria expansão internacional das grandes empresas favoreça a liberação do Estado da tutela que elas hoje exercem nos seus respectivos países. Em outras palavras: à medida que se apoie internacionalmente para ampliar o seu poder, a grande empresa possivelmente encontrará mais dificuldade para assumir o mando, cobrir-se com o manto do "interesse nacional" dentro do próprio país. Haveria uma provincianização dos Estados, mas uma representatividade mais efetiva dos distintos aspectos da sociedade civil capacitaria o poder político para exercer o papel diretor da vida social, que se faz cada vez mais necessário. Se a evolução se realiza nessa direção, é de admitir que surjam tensões entre Estados nacionais e grandes empresas, ou grupos de grandes empresas, tensões essas que passarão a ser importante fator nas transformações do sistema em seu conjunto: elas poderão agravar-se e abrir brechas capazes de acarretar mutações qualitativas reorientadoras de todo o processo evolutivo; mas também poderão provocar reações no plano da superestrutura tutelar, levando a uma maior institucionalização desta e à constituição de órgãos dotados de poder coercitivo, cujo objetivo seria preservar a integridade do sistema.

O que se disse no parágrafo anterior são simples conjecturas sugeridas pela observação de certas tendências da evolução estrutural do sistema capitalista. Não pretendem significar que as lutas de classes serão atenuadas e muito menos que esse Estado, semiprovincianizado, mas ainda assim um Estado responsável pela estabilidade de uma sociedade de classes, será o simples administrador de um *consensus* que permearia toda a vida social. É possível que as classes trabalhadoras venham a ter um peso crescente na orientação de um Estado que deve se entender com o sistema de grandes empresas a partir de posições de força. Nesta hipótese, seria de admitir que a evolução das classes trabalhadoras se faça no sentido de crescente identificação com as sociedades nacionais a que pertencem, ou melhor, com um projeto de desenvolvimento social que pode ser monitorado a partir do Estado de cujos centros de decisão participam.[38] Não significa isso, necessariamente, que tendam para um *nacionalismo*, e sim que suas preocupações tenderiam a focalizar-se no plano da ação política sobre o qual terão crescente influência. Paralelamente, o peso crescente dos grupos dirigentes das

---

[38] A ideia de um revigoramento do *internacionalismo* da classe operária, como resposta ao *internacionalismo* das grandes empresas, me parece ter pouco fundamento na realidade. É perfeitamente possível que os grandes sindicatos operários dos países cêntricos enfrentem, mediante ação articulada, manobras de grandes empresas visando a compensar a baixa da produção em um país (onde há uma greve) com o aumento da produção em outro. Entretanto seria difícil imaginar que os operários de um país possam mobilizar-se para reduzir o nível de emprego no próprio país, em benefício da expansão do emprego em outro. Tanto mais que os países cujos operários deveriam sacrificar-se por solidariedade internacional são exatamente aqueles em que o nível de vida é mais baixo.

grandes empresas na classe capitalista não poderá deixar de influenciar a visão que esta tem do mundo, no sentido do *dépassement* do quadro nacional. O sentir-se membro de uma "classe internacional", que hoje é característica dos quadros superiores da burocracia das grandes empresas, tenderia a ser uma atitude generalizada das camadas superiores da classe capitalista. A distância entre a atitude ideológica dessas camadas e a classe dos pequenos capitalistas ainda não presos na rede de subcontratistas das grandes empresas tenderia a ampliar-se. A pequena empresa local, antes apresentada como anacronismo de alto custo social, passa a ser defendida como parte de uma paisagem cultural ameaçada. Entre o poujadismo e a defesa da qualidade da vida existe uma importante evolução com repercussão na relação de forças entre as classes sociais.

O papel da superestrutura tutelar do sistema capitalista não se limita a promover a ideologia da integração e a, ocasionalmente, arbitrar em conflitos regionais. Essa superestrutura tem uma história, que está essencialmente ligada à delimitação das fronteiras do sistema. Pode-se admitir, no plano da conjuntura, que as economias capitalistas cêntricas sempre tenderiam, em uma fase de sua história, a um processo de integração. Mas não há dúvida de que a rapidez com que avançou essa integração, no último quarto de século, e a forma que ela assumiu estão diretamente ligadas à existência de um grupo de países não capitalistas, considerados como ameaça externa e interna para o sistema capitalista pelos grupos dirigentes deste. A rápida e entusiástica aceitação pelos grupos capitalistas dirigentes, na Alemanha e no Japão, da liderança norte-americana, não seria fácil de explicar sem o clima psicológico criado pela "guerra fria". A mobilização psicológica foi essencial para delimitar a fronteira, mas a consolidação desta requereu negociar com o adversário um conjunto de regras de comportamento. Cabe à superestrutura tutelar a função de velar pela integridade das fronteiras e de entender-se com o adversário em qualquer momento em que problemas de solução pendente ou novos ameaçam escapar ao controle mútuo. À medida que se acordou um sistema básico de comunicação e que os interesses fundamentais dos dois lados foram mutuamente reconhecidos, criaram-se possibilidades para relações econômicas mutuamente vantajosas. Que essas possibilidades hajam sido exploradas rapidamente pelas grandes empresas constitui clara indicação da extraordinária capacidade dessas organizações para atuar no plano internacional. É esse um fato de considerável importância, pois vem revelar a capacidade que têm as grandes empresas de adaptar-se a distintas formas de organização social. Trata-se de simples indicação de virtualidade, pois o comportamento das grandes empresas é tudo menos ideologicamente neutro. A ação recente da ITT [International Telephone and Telegraph] no Chile está aí para demonstrar que muitas delas não relutam, em uma confrontação em que o elemento ideológico está presente, a praticar atos de verdadeiro banditismo internacional. Contudo, outras experiências, como a da Guiné, revelam que elas também se estão preparando para defender os seus interesses sem dar demasiada atenção a querelas ideológicas locais. Parece certo que uma mutação social num país importante do centro do sistema capitalista, implicando em retirar às grandes empresas o controle da tecnologia e da orientação das formas de consumo, não poderia ocorrer sem provocar grande reação. Mas tudo leva a crer que as grandes empresas, em face de uma situação de difícil reversibilidade, se adaptariam, pois numa burocracia sempre tende a prevalecer o instinto de sobrevivência, ainda que isso requeira amputações importantes ao nível dos dirigentes ocasionais.

Opções dos países periféricos

As novas formas que está assumindo o capitalismo nos países periféricos não são independentes da evolução global do sistema. Contudo, parece inegável que a periferia terá crescente importância nessa evolução, não só porque os países cêntricos serão cada vez mais dependentes de recursos naturais não reprodutíveis por ela fornecidos, mas também porque as grandes empresas encontrarão na exploração de sua mão de obra barata um dos principais pontos de apoio para firmar-se no conjunto do sistema. Mas, se é difícil especular sobre tendências com respeito ao centro, ainda mais o é no que se refere à periferia, cujas estruturas sociais e quadro institucional foram pouco estudados, ou foram vistos sob a luz distorcida das analogias com outros processos históricos.

O dado mais importante a assinalar, no que concerne aos países periféricos em mais avançado processo de industrialização, é a considerável dificuldade de coordenação de suas economias no plano interno, em razão da forma como se estão articulando com a economia internacional no quadro das grandes empresas. Se dificuldades de coordenação interna existem nos países cêntricos, conforme observamos, o problema assume muito maior complexidade na periferia. Não me refiro à situação clássica do pequeno país onde o nível dos gastos públicos e a situação da balança de pagamentos refletem as decisões tomadas por uma grande empresa exportadora de recursos naturais. A situação é distinta, mas nem por isso mais cômoda naqueles países em que as principais atividades industriais ligadas ao mercado interno são controladas por grandes empresas com projetos próprios de expansão internacional, dos quais pouco conhecimento têm os governos dos países em que elas atuam. Essa debilidade do Estado, como instrumento de direção e coordenação das atividades econômicas, em função de algo que se possa definir como o interesse da coletividade local, passa a ser um fator significativo no processo evolutivo. Impotente em coisas fundamentais, o Estado tem, contudo, grandes responsabilidades na construção e operação de serviços básicos, na garantia de uma ordem jurídica, na imposição de disciplina às massas trabalhadoras. O crescimento do aparelho estatal é inevitável, e a necessidade de aperfeiçoamento de seus quadros superiores passa a ser uma exigência das grandes empresas que investem no país.

Assim, a crescente inserção das economias periféricas no campo de ação internacional das grandes empresas está contribuindo para a modernização dos Estados locais, os quais tenderam a ganhar considerável autonomia como organizações burocráticas. Sendo por um lado impotentes e por outro necessárias e eficientes, essas burocracias tendem a multiplicar iniciativas em direções diversas. A orientação das atividades econômicas, impondo a concentração da renda e acarretando a coexistência de formas suntuárias de consumo com a miséria de grandes massas, é origem de tensões sociais que repercutem necessariamente no plano político. O Estado, incapaz para modificar a referida orientação, se exaure na luta contra os seus efeitos. As frustrações políticas levam à instabilidade institucional e ao controle do Estado pelas forças armadas, o que contribui para reforçar mais ainda o seu caráter burocrático. Em síntese: o crescente controle "internacional" das atividades econômicas dos países periféricos acarreta uma precoce autonomia do aparelho burocrático estatal. Frequentemente esse aparelho é controlado de fora do país, mas por toda parte ele está sujeito a ser empolgado por grupos surgidos do processo político interno, o qual varia de lugar para lugar e, com as circunstâncias, dentro de um país, mas em toda parte está marcado pelo sentimento de impotência que resulta da dependência em que se encontram as atividades econômicas fundamentais de centros de decisão externos ao país.

A relativa autonomia das burocracias que controlam os Estados na periferia reflete, em certa medida, o sentido das modificações ocorridas na superestrutura política do conjunto do sistema. A destruição das formas tradicionais de colonialismo deve ser entendida como parte do processo de destruição das barreiras institucionais que compartimentavam o mundo capitalista. À medida que a economia internacional passou a ser principalmente controlada pelas grandes empresas, a ação direta dos Estados do centro sobre as administrações dos países da periferia tornou-se desnecessária, sendo correntemente denunciada como discriminatória a favor de empresas de certa nacionalidade. É bem sabido que esse processo se vem realizando de forma muito irregular: em alguns casos populações "expatriadas" constituem forte grupo de pressão, exigindo a presença direta ou indireta da antiga metrópole, o que dá lugar a formas apenas disfarçadas de colonialismo; outras vezes grupos dirigentes, ameaçados de perder o controle do sistema de poder local, apelam para o apoio político externo. Mas, de maneira geral, a intervenção direta dos governos dos países cêntricos nos países da periferia tendeu a ser excepcional, pondo-se à parte as intervenções norte-americanas ligadas à "defesa" das fronteiras do sistema.

Dentro desse quadro estrutural, as burocracias que dirigem a maioria dos países periféricos avançaram consideravelmente num processo de autoidentificação com os "interesses nacionais" respectivos. Se bem que, em casos particulares, esses interesses se confundam com os do pequeno grupo que controla o aparelho do Estado, via de regra a concepção de interesse nacional é mais ampla e visa à melhoria das condições de vida de um grupo importante da população, quase sempre constituído pelas pessoas integradas no setor "moderno" da economia.

Um dos setores em que os Estados periféricos podem exercer sua autonomia, em face das grandes empresas, é o da defesa dos recursos naturais não renováveis do respectivo país. A expansão do sistema, no centro, depende, cada vez mais, de acesso às fontes desses recursos localizadas na periferia. Fizemos referência à situação dos Estados Unidos, que é, desse ponto de vista, um país privilegiado. A demanda de recursos naturais não cresce paralelamente com a renda *per capita*: a partir de certo nível de renda ela tende a estabilizar-se. Por exemplo: o consumo de cobre por habitante triplicou nos Estados Unidos entre 1900 e 1940, mas permaneceu estável entre este último ano e 1970; o consumo de aço por habitante desse mesmo país cresceu mais de três vezes entre 1900 e 1950, mas permaneceu estável entre este último ano e 1970.[39] Por outro lado, o consumo de metais pela indústria pode ser maior ou menor, independentemente de nível de renda, em função da natureza das exportações do país. Contudo, se se tem em conta que o nível de renda média do conjunto da população do centro do sistema, excluídos os Estados Unidos, é inferior à metade do deste país, faz-se evidente que a demanda de metais continuará a crescer no centro ainda por muitos anos de forma bem mais intensa que a população. Se a isso se acrescenta que as reservas de mais fácil exploração, dos países cêntricos (conforme vimos no caso dos Estados Unidos), se estão esgotando, é fácil compreender a crescente "dependência" desses países *vis-à-vis* dos recursos não renováveis da periferia. Essa dependência continuará aumentando mesmo que se estabilize o consumo dos referidos recursos no centro, o que de nenhuma maneira é provável que aconteça em futuro previsível.

A utilização das reservas de recursos naturais como um instrumento de poder pelos Estados periféricos requer uma articulação entre países que, de nenhuma forma, é tarefa fácil. Mas que essa articulação se esteja realizando, com evidente êxito no caso do petróleo, constitui indicação da sofisticação considerável que estão alcançando as burocracias que controlam esses Estados. É verdade que as grandes empresas nem sempre serão hostis a essa política, pois tratando-se de produtos de demanda inelástica a elevação dos preços não poderá deixar de ter repercussão favorável em seu faturamento, o que quase sempre significa elevação dos lucros.[40] Evidentemente a situação será diferente se os

---
39 Ver os gráficos 29 e 30 em D. H. Meadows et al., *The Limits to Growth*, op. cit.
40 O ocorrido com as companhias petrolíferas recentemente constitui claro exemplo dessa situação. No primeiro trimestre de 1974, com respeito a igual período do ano anterior, os lucros líquidos da Exxon aumentaram em 40%, os da Mobil Oil em 65%, os da Texaco em 120%, os da Occidental Petroleum em 520%; por outro lado os

países periféricos visarem a um controle total da produção e comercialização desses produtos. Mas, mesmo assim, o avanço que têm as grandes empresas, no que respeita à capacidade de organização e à tecnologia, assegura-lhes a possibilidade de continuar negociando de posição de força por muito tempo.

Ocorre, entretanto, que os recursos não renováveis mais importantes, cujos preços podem ser efetivamente controlados pelos países periféricos – sempre que estes logrem articular-se de forma eficaz –, estão muito desigualmente distribuídos. O caso recente do petróleo pôs em evidência as consideráveis transferências de recursos que podem ocorrer na própria periferia como consequência desse tipo de política. Os benefícios reais para certos países são importantes, mas esses países abrigam uma pequena minoria da população que vive na periferia. Grande parte dos novos recursos financeiros de que dispõem terão quase necessariamente que ser invertidos no centro do sistema. Ocorre, assim, uma transferência de ativos que transformará parte da população dos países beneficiários em rentistas, sem que a estrutura da economia capitalista se modifique de forma sensível. Também é possível que os países beneficiários coloquem à disposição de outros países periféricos parte dos recursos referidos. Mas, se tais recursos são utilizados para reforçar o processo de desenvolvimento tal qual este se realiza atualmente – por exemplo, para criar infraestrutura e indústrias básicas geradoras de economias externas para as grandes empresas –, as relações entre o centro e a periferia não se modificarão de forma sensível.

A política de elevação dos preços relativos dos produtos não facilmente substituíveis,[41] que exportam os países peri-

---

lucros de 1973 já haviam aumentado em média 50% com respeito ao ano anterior. Ver *Le Monde*, Paris, 29 mai. 1974, p. 38.

41 A capacidade de um cartel organizado por um grupo de países para elevar os preços de exportação de um produto e assim modificar a repartição da renda em escala mundial é tanto maior quanto mais rígida é a demanda do produto a curto prazo e mais difícil sua

féricos, constitui seguramente um marco na evolução desses países, mas, conforme indicamos, não significa mudança de rumo no processo evolutivo do conjunto do sistema capitalista. Não se exclui a hipótese de que a posição internacional das grandes empresas seja reforçada, encarregando-se elas de absorver grande parte dos novos recursos líquidos encaminhados para o mercado financeiro internacional. Uma pequena parte da população periférica, localizada em uns poucos países, terá acesso às formas mais avançadas de consumo, e alguns Estados poderão ascender a um papel hegemônico em certas subáreas. Contudo, as modificações no conjunto da periferia serão pouco perceptíveis.

Mas é possível que a experiência adquirida no setor dos recursos não renováveis venha a ser utilizada na defesa do valor real do trabalho, que exploram nos países periféricos as grandes empresas. Conforme foi assinalado antes, a rápida expansão da economia internacional – setor mais dinâmico do sistema capitalista – tende a fundar-se na utilização das grandes reservas de mão de obra barata que existem na periferia. Apresentam-se aqui dois problemas: o da apropriação dos frutos da expansão econômica e o da orientação geral do processo de acumulação. Dada a grande disparidade de níveis de vida, que se observa atualmente dentro da periferia, as grandes empresas estão em posição de força para conservar os salários ao mais baixo nível.[42] Toda pressão no

---

substituição a médio prazo. A situação do petróleo a esse respeito é extremamente favorável. A situação dos metais não ferrosos se aproxima dela, particularmente se puderem ser considerados em conjunto. No caso dos produtos agrícolas tropicais a possibilidade de substituição é maior, particularmente entre as camadas de população de nível de renda mais baixo. Contudo, essa margem de substituição tende a esgotar-se e a partir desse ponto a demanda adquire considerável rigidez. No caso dos produtos agrícolas de clima temperado a margem de substituição é ainda maior, pois a médio prazo a sua produção pode ser aumentada nos países cêntricos, caso os preços persistam acima de certos níveis.

42 Mesmo pagando salários algo acima do "preço de oferta" local da mão de obra, as grandes empresas obtêm, na periferia, uma força de

sentido de elevá-los poderá ser contida com um desvio dos investimentos para outras áreas que ofereçam condições mais favoráveis. A grande empresa que produz produtos manufaturados, na periferia, para o mercado do centro, tem uma margem de manobra tanto maior quanto mais baixos são os salários que paga. Essa margem lhe permite tanto expandir o mercado a curto prazo como aumentar sua capacidade de autofinanciamento. Em qualquer dos dois casos, maior a margem, maior a parte do valor adicionado que permanece fora do país periférico em que se localiza a indústria. Tudo se passa como se o trabalho fosse um recurso que se exporta, sendo a taxa de salário o preço de exportação. Se o conjunto dos países periféricos decidissem subitamente dobrar, em termos de moeda internacional, o preço de exportação da força de trabalho, o resultado seria similar ao que ocorre quando aumentam os preços de um produto de exportação que goza de uma demanda inelástica no centro. Em realidade essa elevação tem tido lugar em situações especiais: assim, os operários da indústria do cobre, no Chile, já haviam conseguido anos atrás elevar consideravelmente o seu salário com respeito ao "preço de oferta" da mão de obra nesse país. Essa elevação poderia ter sido levada mais longe, mas o governo chileno preferiu utilizar o método do imposto direto para ampliar a margem do valor adicionado dessa indústria que era retido no país. Se se trata de indústria manufatureira com múltiplas linhas de produção, cujos preços de exportação podem ser facilmente manipulados, a via fiscal torna-se de utilização mais difícil. Com efeito: como conhecer a rentabilidade da filial de uma grande empresa instalada num país do sudeste asiático se

---

trabalho consideravelmente mais barata do que nos países cêntricos. Estima-se, por exemplo, que os salários pagos pelas grandes empresas no sudeste da Ásia, para tarefas semelhantes, correspondem a 1/6 dos pagos na Alemanha e a 1/10 dos pagos nos Estados Unidos. Com respeito à América Latina (excluída a Argentina) o diferencial deve ser semelhante.

os preços de todos os insumos utilizados são administrados pela matriz, assim como os preços dos produtos exportados?

É difícil conjecturar sobre uma elevação geral dos salários reais nas atividades exportadoras dos países periféricos. Como a taxa de salário varia muito entre países periféricos, as consequências seriam distintas de país para país, particularmente se a elevação fosse feita no sentido de uma maior igualização. Não se pode perder de vista que a uma tecnologia similar podem corresponder diversos níveis de produtividade física da mão de obra em função do nível geral de desenvolvimento do país. A unificação das taxas de salários, nas atividades exportadoras industriais dos países periféricos, tenderia, portanto, a beneficiar aqueles com maior avanço relativo industrial. O problema é certamente muito mais complexo que a elevação do preço de um produto homogêneo que goza de demanda inelástica no centro. Mas é por esse caminho que, mais cedo ou mais tarde, os países periféricos terão que avançar para apropriar-se de uma parcela maior do fruto da própria força de trabalho. Se as grandes empresas continuam a pagar na periferia salários correspondentes ao "preço de oferta" da força de trabalho, o próprio processo de industrialização dos países periféricos contribuirá para aumentar o fosso que os separa do centro do sistema.

A política de elevação da taxa de salário real a que nos referimos nos parágrafos anteriores teria como consequência direta a criação de um diferencial de salários entre o setor ligado à exportação e o resto da economia local. Daí resultaria a formação de uma nova camada social, semi-integrada nas formas "modernas" de consumo. Como o grau de acumulação alcançada na economia não permite generalizar essa taxa de salário, o fundo do problema do subdesenvolvimento não se modificaria. Para alcançar esse fundo seria necessário que os recursos retidos no país periférico pudessem ser utilizados em um processo cumulativo visando a modificar a estrutura do sistema econômico no sentido de uma crescente homogeneização. A questão última está na orientação do processo de acumulação e essa orientação continuaria na mão das grandes empresas. Assumir essa orientação, vale dizer, estabelecer prioridades em função de objetivos sociais coerentes e compatíveis com o esforço de acumulação, seria a única forma de liberar a economia da tutela das grandes empresas. Esse caminho não é fácil e é natural que as burocracias que controlam os Estados no mundo periférico se sintam pouco atraídas por ele. Contudo, as tensões sociais crescentes que engendram as atuais tendências estruturais do sistema poderão forçar muitas dessas burocracias a adotar caminhos imprevistos, inclusive o de uma preocupação efetiva com os interesses sociais e busca de formas de convivência com as grandes empresas que sejam compatíveis com uma orientação interna do processo de desenvolvimento.[43]

O mito do desenvolvimento econômico

Se deixamos de lado as conjecturas e nos limitamos a observar o quadro estrutural presente do sistema capitalista, vemos que o processo de acumulação tende a ampliar o fosso entre um centro, em crescente homogeneização, e uma constelação de economias periféricas, cujas disparidades continuam a acentuar-se. Com efeito: a crescente hegemonia das grandes empresas, na orientação do processo de acumulação, traduz-se, no centro, por uma tendência à homogeneização dos padrões de consumo e, nas economias periféricas,

---

43 A aceitação pelas grandes empresas, inicialmente pelas europeias e japonesas e mais recentemente pelas americanas, das normas restritivas impostas pelo código de investimentos estrangeiros dos países do grupo andino é exemplo claro da rapidez com que podem adaptar-se a novas situações essas empresas. Aparentemente, a adaptação é mais fácil se as restrições dizem respeito à propriedade dos bens de produção e mais difícil se interferem na orientação do desenvolvimento, isto é, na definição dos produtos e métodos produtivos. Em síntese: a grande empresa está disposta a abandonar a propriedade dos bens de produção, mas não o controle da tecnologia.

por um distanciamento das formas de vida de uma minoria privilegiada com respeito à massa da população. Essa orientação do processo de acumulação é, por si só, suficiente para que a pressão sobre os recursos não reprodutíveis seja substancialmente inferior à que está na base das projeções alarmistas a que fizemos antes referência.

Cabe distinguir dois tipos de pressão sobre os recursos. A primeira está ligada à ideia de freio malthusiano: refere-se à disponibilidade de terra arável a ser utilizada no contexto da agricultura de subsistência. Nos países em que o padrão de vida de uma grande parte da população se aproxima do nível de subsistência, a disponibilidade de terras aráveis (ou a possibilidade de intensificar o seu cultivo mediante pequeno aumento de custos de produção em termos de mão de obra não especializada) é fator decisivo na determinação da taxa de crescimento demográfico. Não há dúvida de que o acesso às terras pode ser dificultado por fatores institucionais e que a oferta local de alimentos pode ser reduzida pela ampliação de culturas de exportação. Nos dois casos aumenta a pressão sobre os recursos, se existe uma densa população rural dependente da agricultura de subsistência. Os efeitos desse tipo de pressão sobre os recursos somente se propagam quando a população tem a possibilidade de emigrar: de uma maneira geral, eles se esgotam dentro das fronteiras de cada país. O que interessa assinalar é que esse tipo de pressão sobre os recursos pode provocar calamidades em áreas delimitadas, como atualmente ocorre no Sahel africano, mas em pouco afeta o funcionamento do conjunto do sistema.

O segundo tipo de pressão sobre os recursos é causado pelos efeitos diretos e indiretos da elevação do nível de consumo das populações e está estreitamente ligado à orientação geral do processo de desenvolvimento. O fato de que a renda se mantenha consideravelmente concentrada nos países de mais alto nível de vida agrava a pressão sobre os recursos, que gera, necessariamente, o processo de crescimento econômico.[44] Também se pode afirmar que a crescente concentração da renda no centro do sistema, isto é, a ampliação do fosso que separa a periferia desse centro, constitui fator adicional de aumento da pressão sobre os recursos não reprodutíveis. Com efeito: se fosse mais bem distribuído no conjunto do sistema capitalista, o crescimento dependeria menos da introdução de novos produtos finais e mais da difusão do uso de produtos já conhecidos, o que significaria um mais baixo coeficiente de desperdício. A capitalização tende a ser tanto mais intensa quanto mais o crescimento esteja orientado para a introdução de novos produtos finais, vale dizer, para o encurtamento da vida útil de bens já incorporados ao patrimônio das pessoas e da coletividade.[45] Desta forma, a simples concentração geográfica da renda, em benefício dos países que gozam do mais alto nível de consumo, engendra uma maior pressão sobre os recursos não reprodutíveis.

Se o primeiro tipo de pressão sobre os recursos é localizado e cria o seu próprio freio, o segundo é cumulativo e exerce pressão sobre o conjunto do sistema. As projeções alarmistas do estudo *The Limits to Growth* se referem essencialmente a este segundo tipo de pressão. As relações entre a acumulação de capital e a pressão sobre os recursos, que estão na base das projeções, se fundam em observações empíricas e podem ser aceitas como uma primeira

---

44 Se o grau de concentração da renda se mantém e a renda média está em expansão, isso significa que os novos recursos criados estão sendo distribuídos com o mesmo grau de desigualdade que os recursos já existentes. Uma pessoa que já dispõe de uma renda dez vezes superior à média estará recebendo recursos novos em quantidade dez vezes superior à média. Se esses recursos fossem distribuídos entre dez pessoas, um mesmo bem multiplicado por dez poderia absorver o incremento de renda; no caso de os recursos estarem concentrados na mão de uma só pessoa, quiçá sejam necessários dez bens diferentes, o que, na prática, se consegue em grande parte reduzindo a vida dos bens já existentes.

45 Ver cap. 2, "Subdesenvolvimento e dependência: as conexões fundamentais".

aproximação válida. O que não se pode aceitar é a hipótese, também fundamental nessas projeções, segundo a qual os atuais padrões de consumo dos países ricos tendem a generalizar-se em escala planetária. Esta hipótese está em contradição direta com a orientação geral do desenvolvimento que se realiza atualmente no conjunto do sistema, da qual resulta a exclusão das grandes massas que vivem nos países periféricos das benesses criadas por esse desenvolvimento. Ora, são exatamente esses excluídos que formam a massa demográfica em rápida expansão.

A população do mundo capitalista está formada hoje em dia por aproximadamente 2,5 bilhões de indivíduos.[46] Desse total, cerca de 800 milhões vivem no centro do sistema e 1,7 bilhão em sua periferia. A tendência evolutiva desses dois conjuntos populacionais está definida em suas linhas fundamentais e não existe evidência de que venha a modificar-se, no correr dos próximos decênios, como decorrência de pressão sobre os recursos, do primeiro ou do segundo tipo referidos. Sendo assim, e se se exclui a hipótese de um fluxo migratório substancial da periferia para o centro, é de admitir que a população do conjunto de países cêntricos alcance, dentro de um século, 1,2 bilhão de habitantes. A opinião de que essa massa demográfica tende a estabilizar-se nos próximos decênios é aceita pela maioria dos estudiosos da matéria. O quadro formado pelo segundo subconjunto demográfico é muito mais complexo em sua dinâmica. A pressão sobre os recursos, do primeiro tipo, desempenha neste caso papel fundamental. Contudo, se se tem em conta a atual estrutura de idade dessa população, da qual cerca da metade se encontra atualmente abaixo da idade de procriação, parece fora de dúvida que as taxas de natalidade se manterão elevadas por algumas gerações. É essa uma das consequências da orientação do desenvolvimento que, ao concentrar a renda em benefício dos países ricos e das minorias ricas nos países pobres, reduz o efeito da elevação

---

46 Ver nota 21, p. 48.

do nível de renda na taxa de natalidade, com respeito ao conjunto do sistema. Pode-se admitir como provável que, no correr do próximo século [XXI], a população da periferia dobre a cada 33 anos, o que significa que ela passaria de 1,7 para 13,6 bilhões. Sendo assim, a população dos países cêntricos se multiplicaria por 1,5 e a dos países periféricos por 8, do que resulta que a população do conjunto passaria de 2,5 para 14,8 bilhões, ou seja, se multiplicaria por 5,9.

No que diz respeito à pressão sobre os recursos do segundo tipo, isto é, a pressão cumulativa capaz de gerar tensões no conjunto do sistema, interessa menos a divisão entre centro e periferia que a divisão entre aqueles que se beneficiam do processo de acumulação de capital e aqueles cuja condição de vida somente é afetada por esse processo de forma marginal ou indireta. Ou seja: é mais importante o fosso que a atual orientação do desenvolvimento cria nos países periféricos do que o outro fosso que existe entre estes e o centro do sistema. As informações relativas à distribuição da renda nos países periféricos põem em evidência que a parcela da população que reproduz as formas de consumo dos países cêntricos é reduzida. Ademais, essa parcela não parece elevar-se de forma significativa com a industrialização. O fundo do problema é simples: o nível de renda da população dos países cêntricos é, em média, cerca de dez vezes mais elevado que o da população dos países periféricos. Portanto, a minoria que nestes países reproduz as formas de vida dos países cêntricos deve dispor de uma renda cerca de dez vezes maior que a renda per capita do próprio país. Mais precisamente: a parcela máxima da população do país periférico em questão que pode ter acesso às formas de vida dos países cêntricos é 10%. Nesta situação limite, o resto da população (90%) não poderia sobreviver, pois sua renda seria zero. No caso típico da presente situação na periferia, entre um terço e a metade da renda é apropriada pela minoria que reproduz os padrões de vida dos países cêntricos e a outra parte (entre metade e dois terços) se reparte de forma mais ou menos desigual com a massa da população; nesse caso, a minoria privilegiada não pode ir muito além de 5% da população do país.

Os 5% de privilegiados da periferia correspondem presentemente a cerca de 85 milhões de pessoas; destarte, o conjunto da população que exerce efetiva pressão sobre os recursos alcança 885 milhões. No quadro das projeções que fizemos, esse subconjunto populacional alcançaria, dentro de um século, 1 880 milhões. Desta forma, enquanto a população do mundo capitalista aumentaria 5,9 vezes, a do conjunto populacional que efetivamente exerce pressão sobre os recursos aumentaria 2,1 vezes. Se a população que exerce forte pressão sobre os recursos dobra e, ademais, a renda média dessa população também deverá dobrar antes que o ponto de relativa saturação na utilização dos recursos não renováveis seja alcançado, temos que admitir que essa pressão muito provavelmente crescerá cerca de quatro vezes no correr do próximo século. Cabe acrescentar que essa pressão quatro vezes maior se realiza sobre uma base de recursos substancialmente menor. Contudo, seria irrealista imaginar que um ritmo de crescimento dessa ordem, na pressão sobre os recursos não renováveis, constitui algo fora da capacidade de controle do homem, mesmo na hipótese de que a tecnologia continue a ser orientada em sua concepção e utilização por empresas privadas. Esta afirmação não implica desconhecer que é essa uma pressão considerável, cabendo assinalar que parte crescente dela se exercerá sobre os recursos atualmente localizados na periferia do sistema.

Outro dado importante a assinalar é o crescente peso da minoria privilegiada dos países periféricos no conjunto da população que desfruta de alto nível de vida no sistema capitalista. Sendo menos de 10% atualmente, a participação dessa minoria tenderia a superar um terço, na projeção que fizemos. Ora, se se tem em conta que os Estados da periferia muito provavelmente estarão em condição de apropriar-se de uma parcela maior da renda do conjunto do sistema, mediante a valorização dos recursos não reprodutíveis e da mão de obra que exportam, a hipótese que formulamos de estabilização, ao nível de 5%, do grupo privilegiado deve ser considerada como um mínimo. Se a melhora nos termos de intercâmbio permite que os 5% se elevem a 10%, a minoria privilegiada da periferia superaria, em número, a população do centro do sistema. Essa tendência também operaria no sentido de reduzir a pressão sobre os recursos, pois a ampliação do número dos que têm acesso aos altos níveis de consumo significa que o crescimento se está realizando no sentido de uma maior difusão dos padrões de consumo já conhecidos.

O aumento relativo do número de privilegiados nos países periféricos não impede, entretanto, que se mantenha e aprofunde o fosso que existe entre eles e a grande maioria da população de seus respectivos países. Com efeito: se observamos o sistema capitalista em seu conjunto, vemos que a tendência evolutiva predominante é no sentido de excluir nove pessoas em dez dos principais benefícios do desenvolvimento; e se observamos em particular o conjunto dos países periféricos, constatamos que aí a tendência é no sentido de excluir dezenove pessoas em vinte. Essa massa crescente, em termos absolutos e relativos, de excluídos, que se concentra nos países periféricos, constitui por si mesma um fator de peso na evolução do sistema. Não se pode ignorar a possibilidade de que ocorram, em determinados países e mesmo de forma generalizada, mutações nos sistemas de poder político, sob a pressão dessas massas, com modificações de fundo na orientação geral do processo de desenvolvimento.

Quaisquer que sejam as novas relações que se constituam entre os Estados dos países periféricos e as grandes empresas, a nova orientação do desenvolvimento teria que ser num sentido muito mais igualitário, favorecendo as formas coletivas de consumo e reduzindo o desperdício provocado pela extrema diversificação dos atuais padrões de consumo privado dos grupos privilegiados. Nesta hipótese, a pressão sobre os recursos muito provavelmente se reduziria.

O horizonte de possibilidades evolutivas que se abre aos países periféricos é, sem lugar a dúvida, amplo. Num extremo, perfila-se a hipótese de persistência das tendências, que prevaleceram no último quarto de século, à intensa concentração da renda em benefício de reduzida minoria; no centro está o fortalecimento das burocracias que controlam os Estados na periferia – tendência que se vem manifestando no período recente –, o que leva a uma melhora persistente nos termos de intercâmbio e a uma ampliação da minoria privilegiada em detrimento do centro do sistema; no outro extremo surge a possibilidade de modificações políticas de fundo, sob a pressão das crescentes massas excluídas dos frutos do desenvolvimento, o que tende a acarretar mudanças substantivas na orientação do processo de desenvolvimento. Esta terceira possibilidade, combinada com a melhora persistente nos termos do intercâmbio, corresponde ao mínimo de pressão sobre os recursos, assim como a persistência das tendências atuais à concentração da renda engendra o máximo de pressão.

A conclusão geral que surge dessas considerações é que a hipótese de generalização, no conjunto do sistema capitalista, das formas de consumo que prevalecem atualmente nos países cêntricos, não tem cabimento dentro das possibilidades evolutivas aparentes desse sistema. E é essa a razão pela qual uma ruptura cataclísmica, num horizonte previsível, carece de fundamento. O interesse principal do modelo que leva a essa ruptura cataclísmica está em que ele proporciona uma demonstração cabal de que o estilo de vida criado pelo capitalismo industrial sempre será o privilégio de uma minoria. O custo, em termos de depredação do mundo físico, desse estilo de vida é de tal forma elevado que toda tentativa de generalizá-lo levaria inexoravelmente ao colapso de toda uma civilização, pondo em risco as possibilidades de sobrevivência da espécie humana. Temos assim a prova cabal de que o *desenvolvimento econômico* – a ideia de que os *povos pobres* podem algum dia desfrutar das formas de vida dos atuais *povos ricos* – é simplesmente irrealizável.

[1] TENDÊNCIAS ESTRUTURAIS DO SISTEMA CAPITALISTA

Sabemos agora de forma irrefutável que as economias da periferia nunca serão *desenvolvidas*, no sentido de similares às economias que formam o atual centro do sistema capitalista. Mas como negar que essa ideia tem sido de grande utilidade para mobilizar os povos da periferia e levá-los a aceitar enormes sacrifícios, para legitimar a destruição de formas de cultura *arcaicas*, para *explicar* e fazer *compreender* a *necessidade* de destruir o meio físico, para justificar formas de dependência que reforçam o caráter predatório do sistema produtivo? Cabe, portanto, afirmar que a ideia de desenvolvimento econômico é um simples mito. Graças a ela tem sido possível desviar as atenções da tarefa básica de identificação das necessidades fundamentais da coletividade e das possibilidades que abre ao homem o avanço da ciência, para concentrá-las em objetivos abstratos como são os *investimentos*, as *exportações* e o *crescimento*. A importância principal do modelo de *The Limits to Growth* é haver contribuído, ainda que não haja sido o seu propósito, para destruir esse mito, seguramente um dos pilares da doutrina que serve de cobertura à dominação dos povos dos países periféricos dentro da nova estrutura do sistema capitalista.

[2] SUBDESENVOLVIMENTO E DEPENDÊNCIA: AS CONEXÕES FUNDAMENTAIS

Uma observação mesmo superficial da história moderna põe em evidência que formações sociais assinaladas por grande Heterogeneidade tecnológica, marcadas desigualdades na produtividade do trabalho entre áreas rurais e urbanas, uma proporção relativamente estável da população vivendo ao nível de subsistência, crescente subemprego urbano, isto é, as chamadas economias subdesenvolvidas, estão intimamente ligadas à forma como o capitalismo industrial cresceu e se difundiu desde os seus começos. A Revolução Industrial – a aceleração no processo de acumulação de capital e o aumento na produtividade do trabalho ocorridos entre os anos 1770 e os anos 1870 – teve lugar no seio de uma economia comercial em rápida expansão, na qual a atividade de mais alta rentabilidade muito provavelmente era o comércio exterior. O efeito combinado do incremento de produtividade nos transportes – redução dos fretes a longa distância – e da inserção no comércio de um fluxo de novos produtos originários da indústria deu origem a um complexo sistema de divisão internacional do trabalho, o qual acarretaria importantes modificações na utilização dos recursos em escala mundial. Para compreender o que chamamos hoje em dia de subdesenvolvimento, faz-se necessário identificar os tipos particulares de estruturas socioeconômicas surgidas naquelas áreas onde o novo sistema de divisão internacional do trabalho permitiu que crescesse o produto líquido mediante simples rearranjos no uso da força de trabalho disponível.

A nossa hipótese central é a seguinte: o ponto de origem do subdesenvolvimento são os aumentos de produtividade do trabalho engendrados pela simples realocação de recursos visando a obter vantagens comparativas estáticas no comércio internacional. O progresso técnico – tanto sob a forma de adoção de métodos produtivos mais eficientes como sob a forma de introdução de novos produtos destinados ao consumo – e a correspondente aceleração no processo de acumulação (ocorridos principalmente na Inglaterra durante o século antes referido) permitiram que em outras áreas crescesse significativamente a produtividade do trabalho, como fruto da especialização geográfica. Este último tipo de incremento de produtividade pode ter lugar sem modificações maiores nas técnicas de produção, como ocorreu nas regiões especializadas em agricultura tropical, ou mediante importantes avanços técnicos no quadro de "enclaves", como foi o caso daquelas regiões que se especializaram na exportação de matérias-primas minerais. A inserção de uma agricultura num sistema mais amplo de divisão social do trabalho, ou seja, transformação de uma agricultura de subsistência em agricultura comercial, não significa necessariamente abandonar os métodos tradicionais de produção. Mas, se essa transformação se faz através do comércio exterior, os incrementos de produtividade econômica podem ser consideráveis. Certo, o excedente adicional, assim criado, pode permanecer no exterior em sua quase totalidade, o que constituía a situação típica das economias coloniais. Nos casos em que esse excedente foi parcialmente apropriado do interior, seu principal destino consistiu em financiar uma rápida diversificação dos hábitos de consumo das classes dirigentes, mediante a importação de novos artigos. Esse uso particular do excedente adicional deu origem às formações sociais atualmente identificadas como economias subdesenvolvidas.

Dessa forma, o capitalismo industrial levou certos países (os que lideram o processo de industrialização) a especializar-se naquelas atividades em que métodos produtivos mais eficientes penetravam rapidamente, e levou outros a especializar-se em atividades em que essa forma de progresso técnico era insignificante, ou a buscar a via da alienação das reservas de recursos naturais não reprodutíveis. A "lei das vantagens comparativas", tão bem ilustrada por Ricardo com o caso do comércio anglo-lusitano, proporcionava uma justificação sólida da especialização internacional, mas deixava na sombra tanto a extrema disparidade na difusão do progresso nas técnicas de produção como o fato de que o novo excedente criado na periferia não se conectava com o processo de formação de capital. Esse excedente era principalmente destinado a financiar a difusão, na periferia, dos novos padrões de consumo que estavam surgindo no centro do sistema econômico mundial em formação. Portanto, as relações entre países cêntricos e periféricos, no quadro do sistema global surgido da divisão internacional do trabalho, foram, desde o começo, bem mais complexas do que se depreende da análise econômica convencional.

Aspecto fundamental, que se pretendeu ignorar, é o fato de que os países periféricos foram rapidamente transformados em importadores de novos bens de consumo, fruto do processo de acumulação e do progresso técnico que tinha lugar no centro do sistema. A adoção de novos padrões de consumo seria extremamente irregular, dado que o excedente era apropriado por uma minoria restrita, cujo tamanho relativo dependia da estrutura agrária, da abundância relativa de terras e de mão de obra, da importância relativa de nacionais e estrangeiros no controle do comércio e das finanças, do grau de autonomia da burocracia estatal, e fatos similares. Em todo caso, os frutos dos aumentos de produtividade revertiam em benefício de uma pequena minoria, razão pela qual a renda disponível para consumo do grupo privilegiado cresceu de forma substancial. Convém acrescentar que tanto o processo de realocação de recursos produtivos como a formação de capital que a este se ligava (abertura de novas terras, construção de estradas secundárias, edificação rural etc.) eram pouco exigentes em insumos importados: o coeficiente de importações dos investimentos ligados às exportações em expansão era baixo. Exceção importante, constituiu-a a construção da infraestrutura ferroviária, a qual foi financiada do exterior e assumiu parcialmente a forma de "enclave" produtor de excedente que não se integrava na economia local. De tudo isso resultou que a margem da capacidade para importar, disponível para cobrir compras de bens de consumo no exterior, foi considerável. As elites locais estiveram, assim, habilitadas para seguir de perto os padrões de consumo do centro, a ponto de perderem contacto com as fontes culturais dos respectivos países.

A existência de uma classe dirigente com padrões de consumo similares aos de países onde o nível de acumulação de capital era muito mais alto, e impregnada de uma cultura cujo elemento motor é o progresso técnico, transformou-se, assim, em fator básico na evolução dos países periféricos.

O fato que vimos de referir – e não seria difícil comprová-lo com evidência histórica – põe a claro que, no estudo do subdesenvolvimento, não tem fundamento antepor a análise ao nível da produção, deixando em segundo plano os problemas da circulação, conforme persistente tradição do pensamento marxista. Para captar a natureza do subdesenvolvimento, a partir de suas origens históricas, é indispensável focalizar simultaneamente o processo da produção (realocação de recursos dando origem a um excedente adicional e forma de apropriação desse excedente) e o processo da circulação (utilização do excedente ligada à adoção de novos padrões de consumo copiados de países em que o nível de acumulação é muito mais alto), os quais, conjuntamente, engendram a dependência cultural que está na base do processo de reprodução das estruturas sociais correspondentes. Certo, o conhecimento da matriz institucional que determina as relações internas de produção é a chave para compreender a forma de apropriação do excedente adicional gerado pelo comércio exterior; contudo, a forma de utilização desse excedente, a qual condiciona a reprodução da formação social, reflete em grande medida o processo de dominação cultural que se manifesta ao nível das relações externas de circulação.

Chamaremos de *modernização* a esse processo de adoção de padrões de consumo sofisticados (privados e públicos) sem o correspondente processo de acumulação de capital e progresso nos métodos produtivos. Quanto mais amplo o campo do processo de modernização (e isso inclui não somente as formas de consumo civis, mas também as militares) mais intensa tende a ser a pressão no sentido de ampliar o excedente, o que pode ser alcançado mediante expansão das exportações, ou por meio de aumento da "taxa de exploração", vale dizer, da proporção do excedente no produto líquido. Visto o problema de outro ângulo: posto que a pressão no sentido de adotar novos padrões de consumo se mantém alta – ela está condicionada pelo avanço da técnica e da acumulação, e a correspondente diversificação do consumo, que se estão operando nos países cêntricos –, as relações internas de produção tendem a assumir a forma que permite maximizar o excedente. Daí que apareçam crescentes pressões, ao nível da balança de pagamentos, quando o país atinge o ponto de rendimento decrescente na agricultura tradicional de exportação e/ou enfrenta deterioração nos termos do intercâmbio.

A importância do processo de modernização, na modelação das economias subdesenvolvidas, só vem à luz plenamente em fase mais avançada quando os respectivos países embarcam no processo de industrialização; mais precisamente, quando se empenham em produzir para o mercado interno aquilo que vinham importando. As primeiras indústrias que se instalam nos países subdesenvolvidos concorrem com a produção artesanal e se destinam a produzir bens simples destinados à massa da população. Essas indústrias quase não possuem vínculos entre elas mesmas, razão pela qual não chegam a construir o núcleo de um sistema industrial. É em fase mais avançada, quando se objetiva produzir uma constelação de bens consumidos pelos grupos sociais modernizados, que o problema se coloca. Com efeito: a tecnologia incorporada aos equipamentos importados não se relaciona com o nível de acumulação de capital alcançado pelo país e sim com o perfil da demanda (o grau de diversificação do consumo) do setor modernizado da sociedade. Dessa orientação do progresso técnico, e da consequente falta de conexão entre este e o grau de acumulação previamente alcançado, resulta a especificidade do subdesenvolvimento na fase de plena industrialização. Ao impor a adoção de métodos produtivos com alta densidade de capital, a referida orientação cria as condições para que os salários reais se mantenham próximos ao nível de subsistência, ou seja, para que a taxa de exploração aumente com a produtividade do trabalho.

O comportamento dos grupos que se apropriam do excedente, condicionado que é pela situação de dependência cultural em que se encontram, tende a agravar as desigualdades sociais, em função do avanço na acumulação. Assim, a reprodução das formas sociais, que identificamos com o subdesenvolvimento, está ligada a formas de comportamento condicionadas pela dependência. Abordemos o problema de outro ângulo: nas economias subdesenvolvidas, o fator básico que governa a distribuição da renda, e, portanto, os preços relativos e a taxa de salário real no setor em que se realiza a acumulação e penetra a técnica moderna, parece ser a pressão gerada pelo processo de modernização, isto é, pelo esforço que realizam os grupos que se apropriam do excedente para reproduzir as formas de consumo, em permanente mutação, dos países cêntricos. Essa pressão dá origem à rápida diversificação do consumo e determina a orientação da tecnologia adotada.

Ela, mais do que a existência de uma oferta elástica de mão de obra, determina o diferencial entre o salário industrial e o salário no setor de subsistência. Certo, o grau de organização dos distintos setores da classe trabalhadora constitui fator importante e responde pelas disparidades setoriais desse diferencial. Em síntese: dado o nível de organização dos distintos setores da classe trabalhadora, a dimensão relativa do excedente apropriado pelos grupos privilegiados reflete a pressão gerada pelo processo de modernização.

A industrialização de um país periférico tende a tomar a forma de manufatura local daqueles bens de consumo que eram previamente importados, como é bem sabido de todos os estudiosos do chamado processo de substituição de importações. Ora, a composição de uma cesta de bens de consumo determina, dentro de limites estreitos, os métodos produtivos a serem adotados, e, em última instância, a intensidade relativa do capital e do trabalho utilizados no sistema de produção. Assim, se é a produção de bens de uso popular que aumenta, recursos relativamente mais abundantes (terra, trabalho não especializado) tendem a ser mais utilizados e recursos relativamente escassos (trabalho especializado, divisas estrangeiras, capital), menos utilizados do que seria o caso se fosse a produção de bens altamente sofisticados, consumidos pelos grupos ricos, a que aumentasse. Expandir o consumo dos ricos – e isto também é verdade para os países cêntricos –, de maneira geral, significa introduzir novos produtos na cesta de bens de consumo, o que requer dedicar relativamente mais recursos a "pesquisa e desenvolvimento", ao passo que aumentar o consumo das massas significa difundir o uso de produtos já conhecidos, cuja produção muito provavelmente está na fase de rendimentos crescentes. Existe uma estreita correlação entre o grau de diversificação de uma cesta de bens de consumo, de um lado, e o nível da dotação de capital por pessoa empregada e a complexidade da tecnologia, de outro. Mais alto o nível da renda *per capita* de um país, mais diversificada a cesta de bens de consumo a que tem acesso o cidadão médio desse país, e mais elevada a quantidade de capital por trabalhador no mesmo. A hipótese implícita no que dissemos anteriormente significa que as mesmas correlações existem com respeito a setores de uma sociedade com diferentes níveis de renda.

O processo de transplantação de padrões de consumo, a que deu origem o sistema de divisão internacional do trabalho imposto pelos países que lideram a revolução industrial, modelou subsistemas econômicos em que o progresso técnico foi inicialmente assimilado ao nível da demanda de bens de consumo, isto é, mediante a absorção de um fluxo de novos produtos que eram importados antes de serem localmente produzidos. A dependência, que é a situação particular dos países cujos padrões de consumo foram modelados do exterior, pode existir mesmo na ausência de investimentos estrangeiros diretos. Com efeito: este último tipo de investimento foi raro ou inexistiu durante toda a primeira fase de expansão do sistema capitalista. O que importa não é o controle do sistema de produção local por grupos estrangeiros e sim a utilização dada àquela parte do excedente que circula pelo comércio internacional. Na fase de industrialização, o controle da produção por firmas estrangeiras, conforme veremos, facilita e aprofunda a dependência, mas não constitui a causa determinante desta. A propriedade pública dos bens de produção tampouco seria suficiente para erradicar o fenômeno da dependência, se o país em questão se mantém em posição de satélite cultural dos países cêntricos do sistema capitalista, e se encontra numa fase de acumulação de capital muito inferior à alcançada por estes últimos.

Pode-se ir ainda mais longe e formular a hipótese de que um tipo semelhante de colonização cultural vem desempenhando importante papel na transformação da natureza das relações de classe nos países capitalistas cêntricos. A ideia, formulada por Marx, segundo a qual um processo crescentemente agudo de luta de classes, no quadro da economia capitalista, operaria como fator decisivo na criação de uma nova sociedade, essa ideia para ser válida requer, como condição *sine qua non*, que as classes pertinentes estejam em condições de gerar visões independentes do mundo. Em outras palavras: a existência de uma ideologia dominante (que, segundo Marx, seria a ideologia da classe dominante em ascensão) não deveria significar a perda total de autonomia cultural pelas outras classes, ou seja, a colonização ideológica destas. Marx, no seu *O 18 de brumário*, quando atribui papel importante aos *paysans parcellaires* – nos quais se teria apoiado Luís Bonaparte –, afirma claramente que eles não haviam tomado consciência de si mesmos como classe; contudo, constituíam uma classe, no sentido de que podiam servir de fator decisivo nas lutas pelo poder, porque "opunham o seu gênero de vida, os seus interesses e sua cultura aos das outras classes sociais". Entre as condições objetivas para a existência de uma classe, portanto, estaria a sua autonomia cultural. Ora, nos países capitalistas cêntricos, essa autonomia cultural, no que se refere à classe trabalhadora, foi consideravelmente erodida. O acesso da massa trabalhadora a formas de consumo antes privativas das classes que se apropriam do excedente criou para aquela um horizonte de expectativas que condicionaria o seu comportamento no sentido de ver, na confrontação de classes, mais do que um antagonismo irredutível, uma série de operações táticas em que os interesses comuns não devem ser perdidos de vista.

Nos países periféricos, o processo de colonização cultural radica originalmente na ação convergente das classes dirigentes locais, interessadas em manter uma elevada taxa de exploração, e dos grupos que, a partir do centro do sistema, controlam a economia internacional e cujo principal interesse é criar e ampliar mercados para o fluxo de novos produtos engendrados pela revolução industrial. Uma vez estabelecida esta conexão, estava aberto o caminho para a introdução de todas as formas de "intercâmbio desigual", que historicamente caracterizam as relações entre o centro e a periferia do sistema capitalista. Mas isolar essas formas de intercâmbio ou tratá-las como uma consequência do processo de acumulação, sem ter em conta a forma como o excedente é utilizado na periferia sob o impacto da colonização cultural, é deixar de lado aspectos essenciais do problema.

É interessante observar que o processo de colonização cultural teve lugar mesmo em regiões em que condições particulares permitiram que os salários locais subissem consideravelmente, ou se fixassem a níveis similares aos dos países cêntricos. Foi esta a situação dos grandes espaços vazios das zonas temperadas, que se povoaram principalmente com imigração de origem europeia em fins do século passado. A produção agropecuária para a exportação desenvolveu-se, nessas regiões, em concorrência com produção similar de países cêntricos, então empenhados no processo de industrialização. A abundância e a qualidade dos recursos naturais permitiram que se criasse um substancial excedente por pessoa empregada, mesmo que a taxa de salário tivesse que ser suficientemente elevada para atrair imigrantes das regiões menos prósperas da Europa. A forma de apropriação interna desse excedente e o número relativo da minoria privilegiada variaram conforme as condições históricas prevalecentes em cada área. Contudo, à medida que esse excedente foi utilizado para financiar a adoção de formas de consumo engendradas pela industrialização no exterior, ocorreu um processo de modernização similar ao que antes descrevemos. A situação de dependência existe, nestes casos, na ausência das formas sociais que estamos habituados a ligar ao subdesenvolvimento. Ela radica fundamentalmente na persistente disparidade entre o nível do consumo (inclusive, eventualmente, parte do consumo da classe trabalhadora) e a acumulação de capital no aparelho produtivo, porquanto a elevação de produtividade, que dá origem ao excedente, resulta da utilização extensiva de recursos naturais no quadro de vantagens comparativas internacionais. A abundância de recursos minerais e de fontes de energia, entre outros fatores, permitiu que economias desse tipo tivessem uma precoce industrialização, ainda que essencialmente sob o controle de firmas estrangeiras. É este o caso do Canadá, cuja economia integra o centro do sistema capitalista, não obstante a extrema debilidade dos centros internos de decisão. Na Argentina, condições históricas distintas fizeram que o processo de industrialização se atrasasse e assumisse a forma de "substituição", isto é, de resposta à crise do setor exportador. Em razão do declínio da produtividade, causado pela crise do setor exportador, o esforço de capitalização requerido pela industrialização teve que ser considerável. A experiência tem demonstrado que as economias que se encontram nessa situação tendem a alternar sérias crises de balança de pagamentos com períodos de relativa estagnação. Como a pressão no sentido de acompanhar a renovação dos padrões de consumo no centro se mantém, surge uma tendência à concentração da renda com reflexos nas estruturas sociais, as quais tendem a assemelhar-se às dos países tipicamente subdesenvolvidos. Este ponto põe em evidência que o fenômeno que chamamos dependência é mais geral do que o subdesenvolvimento. Toda economia subdesenvolvida é necessariamente dependente, pois o subdesenvolvimento é uma criação da situação de dependência. Mas nem sempre a dependência criou as formações sociais sem as quais é difícil caracterizar um país como subdesenvolvido. Mais ainda: a transição do subdesenvolvimento para o desenvolvimento é dificilmente concebível, no quadro da dependência. Mas o mesmo não se pode dizer do processo inverso, se a necessidade de acompanhar os padrões de consumo dos países cêntricos se alia a uma crescente alienação de parte do excedente em mãos de grupos externos controladores do aparelho produtivo.

O fenômeno da dependência se manifesta inicialmente sob a forma de imposição externa de padrões de consumo que somente podem ser mantidos mediante a geração de um excedente criado no comércio exterior. É a rápida diversificação desse setor do consumo que transforma a dependência em algo dificilmente reversível. Quando a industrialização pretende substituir esses bens importados, o aparelho produtivo tende a dividir-se em dois: um segmento ligado a atividades tradicionais, destinadas às exportações ou ao mercado interno (rurais e urbanos), e outro constituído por indústrias de elevada densidade de capital, produzindo para a minoria modernizada. Os economistas que observaram as economias subdesenvolvidas sob a forma de sistemas fechados viram nessa descontinuidade do aparelho produtivo a manifestação de um "desequilíbrio ao nível dos fatores", provocado pela existência de coeficientes fixos nas funções de produção, ou seja, pelo fato de que a tecnologia que estava sendo absorvida era "inadequada". Pretende-se, assim, ignorar o fato de que os bens que estão sendo consumidos não podem ser produzidos senão com essa tecnologia, e que às classes dirigentes que assimilaram as formas de consumo dos países cêntricos não se apresenta o problema de optar entre essa constelação de bens e uma outra qualquer. Na medida em que os padrões de consumo das classes que se apropriam do excedente devam acompanhar a rápida evolução nas formas de vida, que está ocorrendo no centro do sistema, qualquer tentativa visando a "adaptar" a tecnologia será de escassa significação.

Em síntese: miniaturizar, em um país periférico, o sistema industrial dos países cêntricos contemporâneos, onde a acumulação de capital alcançou níveis muito mais altos, significa introduzir no aparelho produtivo uma profunda descontinuidade causada pela coexistência de dois níveis tecnológicos. Este problema não estava presente na fase anterior à "substituição de importações", simplesmente porque a diversificação do consumo da minoria modernizada podia ser financiada com o excedente gerado pelas vantagens comparativas do comércio exterior. Na fase de industrialização substitutiva, a extrema disparidade entre os níveis (e o grau de diversificação) do consumo da minoria modernizada e da massa da população deverá incorporar-se à estrutura do aparelho produtivo. Desta forma, o chamado "desequilíbrio ao nível dos fatores" deve ser considerado como inerente à economia subdesenvolvida que se industrializa. Ademais, se se tem em conta que a situação de dependência está sendo permanentemente reforçada, mediante a introdução de novos produtos (cuja produção requer o uso de técnicas cada vez mais sofisticadas e dotações crescentes de capital), torna-se evidente que o avanço do processo de industrialização depende de aumento da taxa de exploração, isto é, de uma crescente concentração da renda. Em tais condições, o crescimento econômico tende a depender mais e mais da habilidade das classes que se apropriam do excedente para forçar a maioria da população a aceitar crescentes desigualdades sociais.

A industrialização, nas condições de dependência, de uma economia periférica requer intensa absorção de progresso técnico sob a forma de novos produtos e das técnicas requeridas para produzi-los. E à medida que avança essa industrialização, o progresso técnico deixa de ser o problema de adquirir no estrangeiro este ou aquele equipamento e passa a ser uma questão de ter ou não acesso ao fluxo de inovação que está brotando nas economias do centro. Quanto mais se avança nesse processo, maiores são as facilidades que encontram as grandes empresas dos países cêntricos para substituir, na periferia, mediante a criação de subsidiárias, as empresas locais que hajam iniciado o processo de industrialização. Caberia mesmo indagar se a demanda altamente diversificada dos grupos modernizados seria jamais satisfeita, com produção local, caso o fluxo de inovações técnicas devesse ser pago a preços de mercado. Esse fluxo é criado ou controlado por empresas que consideram ser muito mais vantajoso expandir-se em escala internacional do que alienar esse extraordinário instrumento de poder. Tratar-se-ia não somente de entregar o controle das inovações de uso imediato, mas também de assegurar uma opção sobre as futuras. Ademais, o preço da tecnologia teria que ser elevado, para a empresa local que se limitasse a adquiri-la no mercado, ao passo que, para a grande empresa que a controla e vem utilizando no centro, essa tecnologia está praticamente amortizada. A este fato se deve que a grande empresa possa, mais facilmente, contornar os obstáculos de pequenez de mercado, falta de economias externas e outros que caracterizam as economias periféricas. Assim, a cooperação das grandes empresas de atuação internacional passou a ser solicitada pelos países periféricos, como a forma mais fácil de contornar os obstáculos que se apresentam a uma industrialização retardada que pretende colocar-se em nível técnico similar ao que prevalece atualmente nos países cêntricos.

O dito no parágrafo anterior evidencia que, à medida que avança o processo de industrialização na periferia, mais estreito tende a ser o controle do aparelho produtivo, aí localizado, por grupos estrangeiros. Em consequência, a dependência, antes imitação de padrões externos de consumo mediante a importação de bens, agora se enraíza no sistema produtivo e assume a forma de programação pelas subsidiárias das grandes empresas dos padrões de consumo a serem adotados. Contudo, esse controle direto por grupos estrangeiros, do sistema produtivo dos países periféricos, não constitui um resultado necessário na evolução da dependência. É perfeitamente possível que uma burguesia local de relativa importância e/ou uma burocracia estatal forte participem do controle do aparelho produtivo e mesmo mantenham uma posição dominante nesse controle. Em alguns casos, essa predominância de grupos locais pode ser essencial a fim de assegurar o rígido controle social requerido para fazer face a tensões originadas pela crescente desigualdade social. Contudo, o controle local, ao nível da produção, não significa necessariamente menos dependência, se o sistema pretende continuar a reproduzir os padrões de consumo que estão sendo permanentemente criados no centro. Ora, a experiência tem demonstrado que os grupos locais (privados ou públicos) que participam da apropriação do excedente, no quadro de dependência, dificilmente se afastam da visão do desenvolvimento como processo mimético de padrões culturais importados.

Os processos históricos são, evidentemente, muito mais complexos do que podem sugerir os esquemas teóricos. Sem lugar a dúvida, as primeiras indústrias a desenvolver-se nos países subdesenvolvidos foram as que produzem artigos de amplo consumo (alimentos, tecidos, confecções, objetos de couro), tanto em razão de sua relativa simplicidade técnica como pela preexistência de um mercado relativamente amplo, abastecido parcialmente pelo artesanato. Ocorre, entretanto, que, se a taxa de salário permanece próxima às condições de vida prevalecentes na agricultura de subsistência, a implantação desse tipo de indústria não chega a modificar de forma significativa a estrutura de uma economia subdesenvolvida. Porque competem com o artesanato e pagam salários não muito superiores à renda dos artesãos, essas indústrias pouco contribuem para ampliar o mercado interno; e porque têm poucos vínculos com outras atividades industriais, quase não criam economias externas. Essa situação particular se traduz na curva típica de crescimento desse tipo de indústria: rápido crescimento inicial e tendência ao nivelamento.

É durante a fase de "substituição de importações", a qual se liga às tensões da balança de pagamentos, que tem início a formação de um sistema industrial. Mas, pelo fato de que o consumo da minoria modernizada é altamente diversificado, as indústrias que formam esse sistema tendem a enfrentar problemas de deseconomias de escala, que, se ao nível da empresa podem encontrar solução parcial na proteção e nos subsídios, ao nível social se traduzem em elevados custos. Já fizemos referência ao fato de que essa situação favorece a penetração das grandes empresas com sede nos países cêntricos, o que por seu lado contribui para elevar os custos de operação do sistema industrial em termos de divisas estrangeiras. Esse quadro, que em alguns países latino-americanos se apresentou sob a forma de redução nas taxas de crescimento, de fortes crises de balança de pagamentos e/ou rápido endividamento externo, tem sido descrito, particularmente em publicações das Nações Unidas, como o resultado da "exaustão" do processo de "substituição de importações". Mas, por detrás desses sintomas, não é difícil perceber uma causa mais profunda: a incompatibilidade entre o projeto de desenvolvimento dos grupos dirigentes, visando a reproduzir dinamicamente os padrões de consumo dos países cêntricos, e o grau de acumulação de capital alcançado pelo país. Contornar esse obstáculo tem sido a grande preocupação, no correr do último decênio, dos países subdesenvolvidos em mais avançado estágio de industrialização. Posto que a pequenez relativa dos mercados locais surgia como o fator negativo mais visível, conceberam-se esquemas de integração sub-regional sob a forma de zonas de livre comércio, uniões aduaneiras etc. Tais esquemas permitiram, em alguns casos, dar maior alcance ao processo de "substituição de importações", mas em nada modificaram os dados fundamentais do problema, que têm as suas raízes na situação de dependência anteriormente descrita.[1]

O crescente controle externo dos sistemas de produção dos países periféricos abre para estes últimos nova fase evolutiva. Assim, o aumento dos custos em divisas estrangeiras da produção ligada ao próprio mercado interno cria tensões adicionais nas balanças de pagamentos dos respec-

---

1 O problema de como industrializar, beneficiando-se da técnica moderna, um país em que a acumulação de capital se encontra em nível relativamente baixo, pode ter várias soluções, todas elas ligadas a um certo sistema de valores. Três soluções principais (puras) têm sido tentadas no correr dos últimos anos. A primeira consiste em aumentar a taxa de exploração (impedir que a massa salarial cresça paralelamente ao produto líquido) de forma conjugada com uma intensificação do consumo que se financia com parte do excedente; a possibilidade de maiores economias de escala (particularmente nas indústrias produtoras de bens duráveis de consumo) engendra uma maior taxa de lucro, o que por seu lado estimula a entrada de recursos externos. A segunda solução consiste em orientar o sistema industrial para os mercados externos, no quadro de novo sistema de divisão internacional do trabalho, sob a égide das grandes empresas transnacionais. A terceira consiste em recondicionar progressivamente os padrões de consumo de forma a torná-los compatíveis com o esforço de acumulação desejado. A primeira fórmula corresponde ao chamado modelo brasileiro, a segunda ao chamado modelo Hong Kong e a terceira ao chamado modelo chinês.

tivos países, as quais levam, em alguns casos, ao bloqueio do processo de industrialização, ou criam condições que favorecem a busca de soluções alternativas através de "correções" compensatórias. À extraordinária flexibilidade das grandes empresas de atuação internacional deve-se que tais problemas venham encontrando solução com um mínimo de modificações nas estruturas sociais tradicionais. Com efeito: graças às transações internas que realizam as grandes empresas no plano internacional, os países periféricos se vão capacitando para pagar com mão de obra barata os seus crescentes custos de produção em moeda estrangeira. As novas formas de economia subdesenvolvida, que crescem à base de exportações de trabalho barato incorporado a produtos industriais manufaturados por empresas estrangeiras e destinados a mercados externos, apenas começam a definir o seu perfil. Mas, se se tem em conta que a proporção do excedente apropriado do exterior é considerável, nada indica que a taxa de exploração tenda a declinar. Em outras palavras: se as condições gerais ligadas à situação de dependência persistem, nada sugere que a industrialização orientada para o exterior contribua para reduzir a taxa de exploração, tanto mais que a própria razão de ser desse tipo de industrialização na periferia é a existência de trabalho barato.

Podemos agora tentar destacar o que dá permanência ao subdesenvolvimento, ou seja, como a estrutura que permite identificá-lo reproduziu-se no tempo. A divisão internacional do trabalho, imposta pelos países que lideraram a Revolução Industrial, deu origem a um excedente, o qual permitiu às classes dirigentes de outros países (periféricos ao sistema) – nos quais não havia industrialização – ter acesso a padrões diversificados de consumo engendrados pelo intenso progresso técnico e acumulação de capital concentrados no centro do sistema. Em consequência, os países periféricos puderam elevar a taxa de exploração sem que houvesse redução na taxa de salário real e independentemente da assimilação de novas técnicas produtivas. Dessa forma, surgiu nos países periféricos um perfil de demanda caracterizado por marcada descontinuidade. A partir do momento em que o setor exportador entrou na fase de rendimentos decrescentes, a industrialização orientou-se para a "substituição de importação". Devendo miniaturizar sistemas industriais em um processo muito mais avançado de acumulação e devendo acompanhar a rápida diversificação da panóplia de bens de consumo dos países de mais alto nível de renda, os países periféricos foram levados a ter que aumentar a taxa de exploração, ou seja, a concentrar cada vez mais a renda. Por outro lado, o custo crescente da tecnologia, conjuntamente com a aceleração do progresso técnico, facilitou a penetração das grandes empresas de ação internacional, o que intensificou ainda mais a difusão dos novos padrões de consumo surgidos no centro do sistema e levou a maior estreitamento dos vínculos de dependência.

Os pontos essenciais do processo são os seguintes: a matriz institucional preexistente, orientada para a concentração da riqueza e da renda; as condições históricas ligadas à emergência do sistema de divisão internacional do trabalho, as quais estimularam o comércio em função dos interesses das economias que lideravam a Revolução Industrial; o aumento da taxa de exploração nos países periféricos e o uso do excedente adicional pelos grupos dirigentes locais, do que resultou a ruptura cultural que se manifesta através do processo de modernização; a orientação do processo de industrialização em função dos interesses da minoria modernizada, que criou condições para que a taxa de salário real permanecesse presa ao nível de subsistência; o custo crescente da tecnologia requerida para acompanhar, mediante produção local, os padrões de consumo dos países cêntricos, o que por seu lado facilitou a penetração das grandes empresas de ação internacional; a necessidade de fazer face aos custos crescentes em moeda estrangeira da produção destinada ao mercado interno, abrindo o caminho a exportação de mão de obra barata sob o disfarce de produtos manufaturados.

O subdesenvolvimento tem suas raízes numa conexão precisa, surgida em certas condições históricas, entre o processo interno de exploração e o processo externo de dependência. Quanto mais intenso o influxo de novos padrões de consumo, mais concentrada terá que ser a renda. Portanto, se aumenta a dependência externa, também terá que aumentar a taxa interna de exploração. Mais ainda: a elevação da taxa de crescimento tende a acarretar agravação tanto da dependência externa como da exploração interna. Assim, taxas mais altas de crescimento, longe de reduzir o subdesenvolvimento, tendem a agravá-lo, no sentido de que tendem a aumentar as desigualdades sociais.

Em conclusão: o subdesenvolvimento deve ser entendido como um processo, vale dizer, como um conjunto de forças em interação e capazes de reproduzir-se no tempo. Por seu intermédio, o capitalismo tem conseguido difundir-se em amplas áreas do mundo sem comprometer as estruturas sociais preexistentes nessas áreas. O seu papel na construção do presente sistema capitalista mundial tem sido fundamental e seu dinamismo continua considerável: novas formas de economias subdesenvolvidas plenamente industrializadas e/ou orientadas para a exportação de manufaturas estão apenas emergindo. É mesmo possível que ele seja inerente ao sistema capitalista; isto é, que não possa haver capitalismo sem as relações assimétricas entre subsistemas econômicos e as formas de exploração social que estão na base do subdesenvolvimento. Mas não temos a pretensão de poder demonstrar esta última hipótese.

[3] O MODELO BRASILEIRO DE SUBDESENVOLVIMENTO

Desenvolvimento e modernização

A economia brasileira constitui exemplo interessante de quanto um país pode avançar no processo de industrialização sem abandonar suas principais características de subdesenvolvimento: grande disparidade na produtividade entre as áreas rurais e urbanas, uma grande maioria da população vivendo em um nível de subsistência fisiológica, massas crescentes de pessoas subempregadas nas zonas urbanas etc. Foi assim refutada a tese implícita nos modelos de crescimento do gênero introduzido por Lewis – de que canalização do excedente de uma economia subdesenvolvida para o setor industrial (as atividades que absorvem progresso técnico) criaria finalmente um sistema econômico de homogeneidade crescente (onde o nível salarial tende a crescer em todas as atividades econômicas *pari passu* com a produtividade média do sistema).

Os objetivos deste ensaio são: a) investigar por que a difusão mundial do progresso técnico e os decorrentes incrementos da produtividade não tenderam a liquidar o subdesenvolvimento; e b) demonstrar que uma política de "desenvolvimento" orientada para satisfazer os altos níveis de consumo de uma pequena minoria da população, tal como a executada no Brasil, tende a agravar as desigualdades sociais e a elevar o custo social de um sistema econômico.

Partimos da hipótese de que o subdesenvolvimento é um aspecto do modo pelo qual o capitalismo industrial vem crescendo e se difundindo desde o seu surgimento. Assim sendo, é totalmente enganoso construir um modelo de uma economia subdesenvolvida como um sistema fechado. Isolar uma economia subdesenvolvida do contexto geral do sistema capitalista em expansão é pôr de lado, desde o início, o problema fundamental da natureza das relações externas de tal economia.

Vamos definir o progresso técnico como a introdução de novos processos produtivos capazes de aumentar a eficiência na utilização de recursos escassos e/ou a introdução de novos produtos capazes de ser incorporados à cesta de bens e serviços de consumo. E vamos supor que desenvolvimento econômico implica na difusão do uso de produtos já conhecidos e/ou na introdução de novos produtos à cesta dos bens de consumo.

Pelo fato de o acesso a novos produtos ser, com raras exceções, limitado, pelo menos durante uma fase inicial, a uma minoria formada por pessoas de altas rendas, o desenvolvimento baseado principalmente na introdução de novos produtos corresponde a um processo de concentração de renda. E pelo fato de a difusão significar acesso de um maior número de pessoas ao uso de produtos conhecidos, o desenvolvimento baseado principalmente na difusão corresponde a um padrão de distribuição mais igualitária da renda.

Além disso, uma condição necessária em qualquer processo de desenvolvimento econômico é a acumulação de capital, tão importante para a difusão de produtos conhecidos quanto para a introdução de outros novos. Mas há razões para se acreditar que a introdução de novos produtos, no conjunto de bens de consumo, requer uma acumulação relativamente maior de capital do que a difusão de produtos conhecidos. Por exemplo: a introdução de um novo modelo de automóvel de uma certa categoria requer mais investimentos (inclusive pesquisa e desenvolvimento) por unidade do que o aumento da produção do modelo correspondente que já vinha sendo produzido. Há um outro modo de enfocar este problema: quanto mais diversificada a cesta de bens de consumo, maior terá de ser a renda das pessoas que consomem esses bens e maior a soma de capital exigida para satisfazer as necessidades dessa pessoa. O cidadão americano médio recebia, em 1970, uma renda de aproximadamente 4 mil dólares por ano, e a esse nível de renda correspondia determinada cesta de bens de consumo. Esse conjunto de bens tornou-se possível graças a um processo de acumulação de capital que se elevava a cerca de 12 mil dólares por habitante do país. O cidadão brasileiro recebia em média uma renda de aproximadamente 400 dólares por ano e o capital acumulado no Brasil atingia a soma de cerca de 1 mil dólares por habitante. Desse modo, o conjunto de bens de consumo ao qual o brasileiro médio tem acesso tinha que ser muito menos diversificado do que o que prevalecia nos Estados Unidos.

O aumento da renda de uma comunidade pode resultar de pelo menos três processos diferentes: a) o desenvolvimento econômico: isto é, acumulação do capital e adoção de processos produtivos mais eficientes; b) a exploração de recursos naturais não renováveis; e c) a realocação de recursos visando a uma especialização num sistema de divisão internacional do trabalho. O aumento da renda implica em diversificação do consumo, introdução de novos produtos etc. Assim, esse aumento pode ocorrer numa comunidade sem desenvolvimento econômico, isto é, sem acumulação de capital e introdução de processos produtivos mais eficientes. Ele pode representar simplesmente um incremento devido aos itens "b" e/ou "c", acima mencionados. Chamemos *modernização* a esse processo de adoção de novos padrões de consumo, correspondente a níveis mais elevados de renda, na ausência de desenvolvimento econômico.

Os países hoje conhecidos como subdesenvolvidos são aqueles onde ocorreu um processo de modernização: novos padrões de consumo (introdução de novos produtos) foram adotados como resultado de uma elevação da renda gerada pelo tipo de mudanças mencionadas nos itens "b" e "c" acima. No Brasil, durante um longo período, os aumentos da renda (produtividade econômica) foram basicamente o resultado de uma simples realocação de recursos visando à maximização de vantagens comparativas estáticas no comércio exterior. A passagem da agricultura de subsistência para a agricultura comercial não pressupõe necessariamente uma mudança da agricultura tradicional para a moderna. Quando gerada pelo comércio exterior, porém, tal passagem acarreta um crescimento significativo da produtividade econômica, e pode iniciar um processo de modernização. A importância deste processo dependerá da matriz institucional preexistente. No Brasil, devido à concentração da propriedade territorial e à abundância da força de trabalho na agricultura de subsistência, os aumentos da produtividade beneficiaram principalmente uma pequena minoria. Entretanto, em razão do tamanho da população, essa minoria modernizada foi suficientemente grande para permitir um amplo desenvolvimento urbano e um começo de industrialização.

Nos países onde a modernização ocorreu sem o desenvolvimento econômico, o processo de industrialização apresenta características muito particulares. Assim, o mercado para produtos manufaturados é formado por dois grupos completamente diferentes: o primeiro, consumidores de renda muito baixa (a maioria da população), e o segundo, uma minoria de renda elevada. A cesta de bens de consumo correspondente ao primeiro grupo é bem pouco diversificada e tende a permanecer sem modificações, já que a taxa de salário real é bastante estável. As indústrias que produzem estes bens têm fracos efeitos de encadeamento (*linkages*): elas usam matérias-primas da agricultura (indústrias têxteis e alimentícias) e produzem diretamente para o consumidor final. Além disto estas indústrias se beneficiam pouco das economias de escala e externas. A cesta de bens de consumo correspondente ao segundo grupo, sendo totalmente diversificada, requer um processo de industrialização complexo para ser produzida no país. O principal obstáculo a isso origina-se da dimensão do mercado local. Entretanto, este é o setor do mercado que está realmente em expansão, e a verdadeira industrialização somente será possível se orientada para ele. Dados os diferentes comportamentos das duas cestas de bens de consumo, a primeira em expansão lenta e sem a introdução de novos bens, e a segunda crescendo rapidamente principalmente através da inclusão de novos produtos, os dois setores industriais somente em grau muito pequeno competem pelos mesmos mercados e podem manter padrões diferentes de organização e mercadologia (marketing). Mas, uma vez que o setor que produz para a minoria rica se adianta em relação ao outro, as necessidades em capital e tecnologia moderna tendem a crescer rapidamente. Em consequência, a criação de novos empregos por unidade de investimento declina. Ademais, as indústrias, cujo mercado é a massa da população, estão destinadas a sofrer transformações importantes em decorrência do processo de industrialização baseado no segundo tipo de bens de consumo (os destinados à minoria privilegiada). Economias de escala e externas podem também beneficiar a massa da população, e produtos como plásticos e fibras podem ser incorporados ao consumo popular. Em consequência da integração progressiva do sistema industrial, tende a aumentar a adoção de processos de utilização intensiva do capital nas indústrias que inicialmente se desenvolveram em competição com atividades artesanais locais. O progresso técnico deixa de ser uma questão de compra de um certo tipo de equipamento, e passa a depender do acesso às inovações que surgem em grande quantidade nos países ricos. Nesta fase, as filiais de corporações multinacionais facilmente superam as firmas locais, particularmente nas indústrias voltadas para o mercado diversificado.

Mais precisamente, esta cesta variada de bens de consumo nunca seria produzida localmente se o fluxo de inovações técnicas tivesse que ser pago a preços de mercado. Apesar do fato de, para uma grande empresa de atuação internacional, operando num país subdesenvolvido, o *custo de oportunidade* de tal afluxo de inovações ser praticamente zero, tal empresa nunca abriria mão delas em favor das firmas locais independentes, a não ser por um preço muito elevado.

A industrialização das economias nas quais se inicia um processo de modernização tende a enfrentar uma dupla dificuldade: se as indústrias locais continuam produzindo a primeira cesta de bens (indústrias com efeitos fracos de encadeamento) e a segunda tem que ser importada, o país nunca alcançará o ponto necessário para formar um sistema industrial; e se as indústrias locais voltam-se para a produção da segunda cesta de bens, podem ocorrer rendimentos decrescentes, em razão do tamanho reduzido do mercado local. Alguns países com grandes dimensões demográficas e um setor exportador altamente rentável conseguiram superar esses obstáculos: este foi o caso do Brasil. Isso não significa que o capitalismo industrial pode operar no Brasil segundo as regras que prevalecem numa economia desenvolvida. Nesta, a expansão da produção significa aumento paralelo do custo da força de trabalho, isto é, do valor acrescentado pelo trabalho no processo de produção. E porquanto a procura é gerada principalmente por pagamentos ao trabalho, a expansão da procura tende a seguir o crescimento da produção. Nas economias subdesenvolvidas, o valor acrescentado pelo trabalho tende a declinar em termos relativos, durante as fases de expansão. Os aumentos da produtividade criados por economias internas ou externas tendem a beneficiar exclusivamente os proprietários de capital e, dada a estrutura dos mercados, nada os pressionará a transferir os frutos do aumento da produtividade aos consumidores, a minoria modernizada. Por outro lado, aumentar a taxa salarial levaria a um crescimento dos custos sem alargar o mercado, uma vez que os trabalhadores estão vinculados a uma cesta de bens diferente. O fato é que o sistema opera espontaneamente, beneficiando uma minoria pequena demais, os proprietários de capital. Como deveria o processo de concentração de renda, inerente ao sistema, ser dirigido a fim de criar um elo entre o incremento da produtividade nas indústrias produtoras dos bens do segundo grupo (diversificado) e os consumidores que têm acesso a esses bens? Na terceira parte deste ensaio examinaremos o tipo particular de solução adotado pelo Brasil.

O desempenho da economia brasileira

Nos últimos 25 anos, a economia brasileira vem crescendo a uma taxa relativamente alta. Dados níveis "normais" de produção agrícola, dos termos do intercâmbio externo e dos gastos públicos, poder-se-ia esperar uma taxa de crescimento de cerca de 6% ao ano. A abundância de recursos naturais, o tamanho da população e o nível médio de renda obtido no passado por meio da maximização das vantagens comparativas estáticas no comércio exterior convergem para produzir esse potencial de crescimento. Além disso, as flutuações na taxa de crescimento do Produto Interno Bruto (PIB) tiveram efeitos pouco significativos no processo de formação de capital. As taxas de poupança e investimento têm sido bastante estáveis. As mudanças na taxa de crescimento do PIB refletem basicamente modificações no grau de utilização da capacidade produtiva já instalada. Na linguagem elementar de modelos de crescimento, diríamos que as mudanças nessa taxa são principalmente causadas por modificações no parâmetro que representa a relação entre a produção e o estoque de capital reprodutível, e que o outro parâmetro, que representa a relação entre investimento e renda, tende a ser estável.

De fato, o primeiro parâmetro (relação produto-capital) dobrou entre 1964-67 e 1968-69, enquanto o segundo (taxa de investimento) cresceu apenas ligeiramente. Assim, o processo de acumulação tem sido muito mais regular que o desempenho da economia em geral. Quando esse desempenho é fraco, a margem de capacidade produtiva ociosa aumenta, mas apesar disso a capacidade global de produção cresce normalmente. Pode-se inferir daí que a taxa de lucro tende a ser bastante elevada mesmo quando a economia subutiliza sua capacidade produtiva; por outro lado, há razões para acreditar que a economia tem sido incapaz de gerar o tipo de procura requerido para obter a utilização adequada da capacidade produtiva.

Não me referi ao nível da demanda efetiva, mas ao *tipo de demanda*. Na realidade, estamos muito longe da hipótese keynesiana de insuficiência da demanda efetiva. Durante o período considerado, a economia brasileira operou sob forte pressão do excesso de demanda monetária, com uma alta taxa de inflação, tanto em períodos de rápido crescimento como nos de relativa estagnação.

Minha hipótese básica é que o sistema não tem sido capaz de produzir espontaneamente o perfil de demanda capaz de assegurar uma taxa estável de crescimento, e que o crescimento a longo prazo depende de ações exógenas do governo. Deve-se levar em conta também o fato de que durante o período em discussão as indústrias que produzem para a minoria modernizada tornaram-se cada vez mais controladas por empresas dirigidas do centro do sistema capitalista.

Um rápido crescimento industrial, nas condições particulares hoje vigentes no Brasil, implica numa intensa absorção de progresso técnico sob a forma de novos produtos e de novos processos requeridos para produzi-los. O *custo de oportunidade* de tal progresso técnico está num nível mínimo quando podem reproduzir o que elas criam e amortizam nos países responsáveis pelo financiamento de pesquisas e desenvolvimento, e está num nível máximo quando elas têm que introduzir nova pesquisa e desenvolvimento. Consequentemente, a expansão industrial se desenvolve através de um entrosamento das indústrias locais com os sistemas industriais dominantes, dos quais emerge o fluxo de nova tecnologia. Por um lado, as referidas grandes empresas apegam-se aos seus projetos já comprovados nas matrizes, como o melhor caminho para maximizar crescimento e lucros; por outro lado, minorias modernizadas procuram manter-se atualizadas em relação à última palavra em padrões de consumo, ao *dernier cri* lançado na metrópole. Contudo, se bem que esses dois grupos têm interesses convergentes, o sistema não está estruturalmente capacitado para gerar o tipo de demanda requerido para assegurar sua expansão.

As ondas sucessivas de expansão industrial no Brasil durante o período de pós-guerra não podem ser explicadas se não se tem em mente o papel autônomo desempenhado pelo governo, tanto subsidiando investimento como ampliando a demanda. O quadro geral foi o processo de substituição de importações. Criando novos empregos, este processo ampliou o mercado para bens de consumo popular, mas, dadas as pequenas proporções do mercado para bens de consumo durável, a produção local destes foi acompanhada de tendência ao aumento de seus preços relativos, com efeitos negativos sobre a procura. Este efeito negativo foi combatido até meados dos anos 1950 por ações do governo, visando a reduzir os preços dos equipamentos importados, por meio de taxas diferenciais de câmbio, e objetivando também subsidiar investimentos industriais (particularmente em indústrias que produziam sucedâneos de bens importados), principalmente através de empréstimos com taxas de juros negativas. Parte dos recursos utilizados para executar esta política originava-se de uma melhoria nos termos do intercâmbio que ocorreu nesse período. A redução pela metade do custo real do capital fixo ajudou as indústrias produtoras de bens de consumo durável a conseguir lucros, mesmo tendo de operar com uma larga margem de capacidade ociosa. Na segunda metade dos anos 1950, quando os termos do intercâmbio se deterioraram, o governo se lançou numa política de endividamento externo que tornou possível o prosseguimento dos subsídios.

Ao mesmo tempo, o governo engajou-se numa política de grandes obras públicas: a construção de Brasília e de uma rede nacional de rodovias, inclusive estradas pioneiras, como a Belém-Brasília. Mais recentemente, como veremos, tomaram-se medidas com efeitos diretos sobre a distribuição da renda, a fim de produzir a qualidade ou perfil de demanda que melhor se ajusta aos planos de expansão das grandes empresas de atuação internacional e às expectativas da minoria modernizada.

A nova estratégia

A alta taxa de crescimento da produção industrial brasileira, alcançada a partir de 1968, depois de um período de seis anos de relativa estagnação (1961-67), foi obtida por meio de uma política governamental muito bem-sucedida que visa a atrair as grandes empresas transnacionais e fomentar a expansão das subsidiárias destas já instaladas no país. Por vários meios, o governo tem orientado o processo de distribuição de renda para produzir o perfil de demanda mais atraente para as referidas empresas. Consequentemente, a cesta de bens de consumo que tenta reproduzir os padrões de consumo dos países cêntricos expandiu-se rapidamente tanto em termos absolutos como relativos.

O Estado também vem desempenhando importantes papéis complementares, investindo na infraestrutura física, em capital humano (numa tentativa de ampliar a oferta de quadros e pessoal profissional) e nas indústrias com uma baixa rotação de capital. As indústrias produtoras de bens homogêneos, tais como aço, metais não ferrosos e outros insumos de utilização generalizada pelo sistema industrial, não se baseiam na inovação de produtos para competir ou criar poder de mercado. Elas se baseiam na inovação dos processos produtivos e, sendo baixo o nível de rotação do capital fixo, o fluxo de inovação tende a ser muito mais lento. Além disso, uma política de preços baixos, executada por essas indústrias, através de subsídios dissimulados, pode ser defendida como essencial para fomentar o processo de industrialização. Desse modo, o controle total ou parcial do Estado sobre esse bloco de indústrias pode ser o melhor caminho para que as grandes empresas controladas do centro obtenham uma rápida rotação de seus investimentos, podendo assim maximizar lucros e expansão.

As firmas controladas por capitalistas locais também têm um papel nesse sistema. As indústrias que produzem para a massa da população enfrentam o problema do crescimento lento da procura, porque a taxa de salário real do trabalhador não qualificado está em declínio ou estagnada. Entretanto, os mercados para estas indústrias se ampliam horizontalmente, graças ao crescimento demográfico e à transferência de pessoas anteriormente ocupadas em atividades ligadas à subsistência para o setor que paga o salário-mínimo, garantido pela legislação social. Como esta cesta de bens de consumo não inclui a introdução de novos produtos, o controle do progresso técnico não é importante como fonte de poder de mercado. Em consequência, neste setor as grandes empresas não têm as mesmas vantagens ao competir com os capitalistas locais.

Considerando o sistema industrial como um todo, percebemos que as grandes empresas controlam as atividades que se baseiam principalmente no progresso técnico (as atividades nas quais o fluxo de novos produtos é mais intenso), a saber, a produção de bens de consumo duráveis e equipamentos em geral. O Estado tem uma importante participação nas indústrias produtoras de bens intermediários, e os capitalistas locais controlam uma boa parte das indústrias produtoras de bens de consumo não duráveis. Outrossim, as firmas locais operam, sob contratos, como linha auxiliar de produção para as grandes empresas de atuação internacional e para as empresas estatais, acrescentando flexibilidade ao sistema. Certo, as referidas grandes empresas estão passando por um processo de integração vertical, em certos setores, absorvendo firmas nacionais, e também estão se expandindo em importantes setores de bens de consumo não duráveis. A indústria de gêneros alimentícios sob o controle dessas grandes empresas está produzindo para os grupos de renda superior, introduzindo a miríade de produtos que lotam os supermercados dos países ricos. Todavia, as linhas básicas do sistema são aquelas apresentadas acima, e podemos dizer que os três subsetores desempenham papéis até certo ponto complementares. Entretanto, é importante enfatizar que o dinamismo do sistema repousa sobre a intensidade de transmissão do progresso técnico, na forma em que este é visualizado pelas grandes empresas controladas do centro. Em outras palavras, quando o *custo de oportunidade* do progresso técnico é praticamente zero para as subsidiárias dessas empresas, a taxa de crescimento do sistema industrial tende ao máximo.

Dadas as características da economia brasileira, formada por um mercado altamente diversificado, mas de proporções reduzidas, e outro mercado relativamente grande, mas com baixo grau de diversificação, as indústrias de bens de consumo duráveis se beneficiam muito mais das economias de escala do que as indústrias de bens de consumo anteriormente existentes. Consequentemente, quanto mais concentrada é a distribuição da renda, maior é o efeito positivo para a taxa de crescimento do PIB. Desse modo, a mesma quantidade de dinheiro, quando consumida por pessoas ricas, contribui mais para uma aceleração da taxa de crescimento do PIB do que quando consumida por pessoas pobres. Suponhamos que os bens de consumo cuja demanda está em rápida expansão sejam os automóveis; é bem provável que a construção da infraestrutura não acompanhe o crescimento da frota de automóveis e a eficiência no uso dos veículos tenda a declinar. Isto significa mais consumo de combustível e maior número de reparos por quilômetro, como uma consequência dos engarrafamentos de tráfego etc. Tudo isso também contribuirá para um aumento da taxa de expansão do PIB. Podemos levar esse raciocínio mais longe. A concentração de renda cria a possibilidade de maior discriminação de preços. De fato, alguns detalhes acrescentados a certos carros (novos modelos) permitem a ocorrência do sobrepreço e a quase-renda, assim criada para o produtor, também contribuirá para o incremento do PIB. Em resumo: o desperdício de recursos, mediante o consumo supérfluo de uma minoria rica, contribui para a inflação da taxa de crescimento do PIB – e também pode "inflar" o prestígio dos governantes.

Outro fator que precisa ser levado em consideração é a taxa de afluxo de capital estrangeiro. Se o perfil da demanda se ajusta às necessidades das grandes empresas, as possibilidades de mobilizar recursos financeiros no exterior serão obviamente maiores. Na realidade, as coisas não são tão simples, porque as perspectivas da balança de pagamentos dependem de outros fatores ligados à capacidade de exportação prevista. Entretanto, não se alterando os demais fatores, se a taxa prevista de lucro das grandes empresas é mais alta, a entrada de capital estrangeiro será maior, somando-se às poupanças locais e dando flexibilidade à economia, ao menos a curto prazo.

Resumindo: determinado perfil de demanda, que corresponde a uma crescente concentração na distribuição da renda e a um crescente distanciamento entre os níveis de consumo da maioria rica e da massa da população, gera uma composição de investimentos que tende a maximizar a transferência de progresso técnico por meio das grandes empresas e a fazer crescer o afluxo de recursos estrangeiros. Assim, a política que visa produzir aquele perfil de demanda tenderá também a maximizar a expansão do PIB.

Dentro deste quadro geral, o governo brasileiro tem procurado atingir quatro objetivos básicos: a) fomentar e dirigir o processo de concentração de renda (processo este inerente às economias capitalistas subdesenvolvidas em geral) para beneficiar os consumidores de bens duráveis, isto é, a minoria da população com padrões de consumo semelhantes aos dos países cêntricos; b) assegurar um certo nível de transferência de pessoas do setor de subsistência para os setores beneficiados pelo salário-mínimo legalmente garantido; c) controlar o diferencial entre o salário-mínimo garantido por lei e o nível de renda no setor de subsistência; durante seis anos consecutivos, o governo logrou reduzir o nível do salário-mínimo real e compatibilizar a transferência de pessoas do setor de subsistência com um processo intenso de concentração de renda; e d) subsidiar a exportação de bens manufaturados a fim de reduzir a pressão sobre os setores produtores de bens de consumo não duráveis, cuja procura cresce lentamente, em razão da concentração de renda, e também para melhorar a posição da balança de pagamentos.

Os objetivos mencionados nos itens "b" e "c" são variáveis sociais instrumentais requeridas para manejar as tensões sociais, originadas do processo de concentração de renda, particularmente quando o salário real médio esteve declinando. A criação de novos empregos é um meio de reduzir a carga da população já ocupada; sendo grande o número de dependentes por família, o número de pessoas remuneradas em cada família pode aumentar, o que torna a redução da taxa salarial mais fácil de ser aceita. Ademais, essa política permite reduzir o custo do trabalho para as grandes empresas, sem diminuir seus mercados respectivos.

A parte mais complexa dessa política se refere ao processo de estímulo e orientação da concentração de renda. Para obter o resultado desejado, o governo brasileiro tem usado vários instrumentos, especialmente as políticas creditícia, fiscal e de renda.

O primeiro surto de procura de bens de consumo duráveis originou-se de uma rápida expansão do crédito aos consumidores, beneficiando a classe média alta. A inflação resultante reduziu a renda real da massa da população, liberando recursos para uma política de investimentos públicos e, ao mesmo tempo, ajudando a reduzir os custos de produção das empresas privadas. O aumento da taxa de lucro das empresas produtoras de bens de consumo duráveis foi muito rápido, criando um impulso para a expansão dos investimentos privados. Se considerarmos o fato de que as empresas produtoras de bens de consumo duráveis vinham operando com uma larga margem de capacidade produtiva ociosa, e de que essas empresas obtêm substanciais economias de escala durante a expansão, podemos facilmente entender o surto de crescimento ocorrido.

O nível de lucro extremamente elevado e o *boom* dos investimentos, particularmente no setor industrial, que produz para a minoria privilegiada, abriram as portas para uma política de distribuição de renda favorecendo grupos superiores da escala salarial, uma vez que a oferta de quadros profissionais era relativamente inelástica. Esta situação, coincidindo com um declínio do salário-mínimo, engendrou uma extrema concentração da renda não derivada da propriedade. Uma tendência similar pode ser observada dentro do setor público.

No entanto, foi através da política fiscal que o governo perseguiu o objetivo mais ambicioso de tornar permanentes as novas estruturas. Variados e generosos "incentivos fiscais" foram concedidos, visando à criação de um grupo considerável de pessoas beneficiárias de rendas mobiliárias dentro da classe média. Na realidade, cada contribuinte do imposto de renda (aproximadamente 5% das famílias) foi induzido a formar uma carteira de investimentos, como alternativa ao pagamento de parte do imposto devido. Os pobres, com uma pesada carga de impostos indiretos, estão excluídos desses privilégios. O objetivo aparente do governo ao adotar essas medidas é ligar o poder aquisitivo da alta classe média ao fluxo mais dinâmico de renda: o fluxo de lucros. Sob este ponto de vista particular, mas importante, pode-se dizer que o Brasil está engendrando um novo tipo de capitalismo, extremamente dependente da apropriação e utilização dos lucros para gerar certo tipo de gastos de consumo. Isso somente pode ser obtido por meio de uma ação decisiva por parte do Estado para forçar as empresas a abrirem seu capital (o que é particularmente difícil no caso das empresas controladas no centro) e a adotarem uma política adequada de distribuição de dividendos. Outra alternativa seria a acumulação de uma dívida pública crescente nas mãos da alta classe média, cujo fluxo de juros teria que ser alimentado com recursos provenientes de um imposto sobre os lucros daquelas empresas. Nunca uma economia capitalista foi tão dependente do Estado para articular a demanda com a oferta.

A característica mais significativa do modelo brasileiro é a sua tendência estrutural para excluir a massa da população dos benefícios da acumulação e do progresso técnico. Assim, a durabilidade do sistema baseia-se grandemente na capacidade dos grupos dirigentes em suprimir todas as formas de oposição que seu caráter antissocial tende a estimular.

[4] OBJETIVIDADE E ILUSIONISMO EM ECONOMIA

A ciência econômica exerce indisfarçável sedução nos espíritos graças à aparente exatidão dos métodos que utiliza. O economista, via de regra, trata de fenômenos que têm uma expressão quantitativa e que, pelo menos em aparência, podem ser isolados de seu contexto, isto é, podem ser *analisados*. Ora, a *análise*, ao identificar relações estáveis entre fenômenos, abre o caminho à *verificação* e à *previsão*, que são as características fundamentais do conhecimento científico em sua mais prestigiosa linhagem. Particularmente no mundo anglo-saxônico, entende-se como sendo *ciência* (*science*) o uso do *método científico*, e este último é concebido no sentido estrito da aplicação da análise matemática e, mais recentemente, da mecânica estatística. Compreende-se, portanto, que homens de valor, como Hicks e Samuelson, se hajam tanto empenhado em traduzir tudo que sabemos da realidade econômica em linguagem de análise matemática. Não tanto por pedantismo, como a alguns pode parecer, mas porque estão convencidos, seguindo Stuart Mill, da unidade metodológica de todas as ciências; portanto o progresso da economia se faz no sentido de uma aplicação crescente do método científico, e este tem o seu paradigma na ciência física.

Ocorre, entretanto, que o objeto de estudo da economia não é uma natureza que permanece idêntica a si mesma e é totalmente exterior ao homem, como o são os objetos estudados nas ciências naturais. Para que o preço do feijão fosse algo rigorosamente *objetivo* deveria ser, como se ensina nos livros de texto, a resultante da interação de duas forças, a procura e a oferta, dotadas de existência objetiva. Seria o caso, por exemplo, se a oferta de feijão dependesse apenas da precipitação pluviométrica e a sua procura das necessidades fisiológicas de um grupo definido de pessoas. Mas a verdade é que a oferta de feijão está condicionada por uma série de fatores *sociais* com uma dimensão *histórica*, os quais vão desde a manipulação do crédito para financiar estoques até o uso de pressões para importar ou exportar o produto, sem falar no controle dos meios de transporte, no grau de monopólio dos mercados etc. Da mesma maneira, a demanda resulta da interação de uma série de forças sociais, que vão da distribuição da renda até a possibilidade que tenham as pessoas de sobreviver produzindo para a própria subsistência. Quando aplica o método analítico a esse fenômeno (o preço do feijão), o economista diz: constantes todos os demais fatores, se aumenta a oferta do feijão, o preço deste tende a diminuir. Ora, o aumento da oferta também modifica outros fatores, como o grau de endividamento para estocagem, a pressão para exportar etc. A ideia de que tudo o mais permanece constante, que é essencial para o uso do aparelho analítico matemático (graças a esse recurso metodológico, múltiplas relações entre pares de variáveis podem ser tratadas simultaneamente na forma de um sistema de equações diferenciais parciais), essa ideia leva a modificar em sua própria natureza o fenômeno econômico. Se a oferta começa a aumentar, os compradores podem antecipar aumentos maiores, baixando os preços muito mais do que seria de prever inicialmente. Assim, a própria estrutura do sistema pode modificar-se, como decorrência da ação de um fator. É que toda decisão econômica é parte de um conjunto de decisões com importantes projeções no tempo. Essas decisões encontram sua coerência última num *projeto* que introduz um sentido unificador na ação do agente. Isolar uma decisão do conjunto dotado de sentido, que é o *projeto* do agente, considerá-la fora do tempo e em seguida adicioná-la a decisões pertencentes a outros projetos, como se se tratasse de elementos homogêneos, é algo fundamentalmente distinto do que em ciência natural se considera como legítima aplicação do método analítico.

Quando se percebe essa diferença epistemológica, compreende-se sem dificuldade que em economia o conhecimento científico, isto é, a possibilidade de verificar o que se sabe e de utilizar o conhecimento para prever (e, portanto, para agir com maior eficácia), não pode ser alcançado dentro do quadro metodológico em que vem atuando a chamada "economia positiva".

Essa conclusão se impõe de forma ainda mais clara com respeito à análise macroeconômica, a qual pretende explicar o comportamento de um sistema econômico nacional. Nesse caso, as definições dos conceitos e categorias básicas da análise estão diretamente influenciadas pela visão inicial que tem o economista do *projeto* implícito na vida social. Esta se apresenta como um *processo*, ou seja, como um conjunto de fenômenos em interação que adquirem *sentido* (são inteligíveis globalmente) quando observados diariamente. Essa percepção global do processo social é principalmente obtida mediante observação dos agentes que controlam os principais centros de decisão, ou seja, que exercem *poder*. A existência de um Estado facilita a identificação das estruturas centrais de poder. Da mesma forma a concentração do poder econômico (grandes empresas) e da manipulação da informação (grandes cadeias de jornais e estações de rádio) facilitam a identificação de estruturas colaterais de poder. É em torno das decisões emanadas dos centros principais de poder que se ordena o amplo processo da vida social. Nem o mais ingênuo jovem economista doutrinado em Chicago acredita hoje em dia no mito da "soberania" do consumidor como princípio ordenador da vida econômica. Demais, admitida a hipótese da "soberania" do consumidor, em que basear a introdução do postulado da homogeneidade, isto é, como somar as preferências de um milionário com as de um pobre que passa fome?

As hipóteses globais, que emprestam um sentido à vida social, são o ponto de partida de todo economista que define categoria de análise macroeconômica. E essas hipóteses globais são formuladas a partir da observação do comportamento dos agentes que controlam os centros principais do poder: não interessa saber se aqueles que o exercem derivam sua autoridade do consenso das maiorias ou da simples repressão; se o consenso das maiorias resulta da manipulação da informação ou da interação de forças sociais que se controlam mutuamente. No caso, apenas interessa assinalar que os que mandam falam em nome da coletividade. Quaisquer que sejam as motivações daquele que legisla sobre impostos, daquele que decide onde localizar uma estrada e daquele que arbitra entre a construção de um hospital e a de um quartel, as decisões tomadas sobre esses assuntos condicionam a vida coletiva. É certo que o estudioso da vida social poderá considerar muitas dessas decisões *equivocadas*, isto é, incapazes de produzir os resultados esperados pelos agentes que as tomaram; ou *inadequadas*, vale dizer, em desacordo com os *autênticos interesses sociais*. Em um e outro caso, o estudioso estará comparando meios com fins, o que põe a claro o fato de que ele é consciente da existência de um conjunto coerente de valores, sem o que não lhe seria possível *entender* (emprestar sentido) à vida social. Que o estudioso prefira os seus próprios valores aos dos agentes que controlam o poder, não altera o fundo da questão: é observando o comportamento dos agentes que controlam os centros de decisão e dos que estão em condições de contrapor-se e modificar os resultados buscados por aqueles que ele parte para captar o *sentido* do conjunto do processo social.

Coloquemos esse problema num plano mais concreto. Os economistas falam correntemente de inversão ou investimentos como de algo que não comporta maiores ambiguidades. "Em toda política de desenvolvimento, qualquer que seja o sistema, um alto nível de investimento sempre será essencial." É essa uma afirmação totalmente equivocada. Investimento é o processo pelo qual se aumenta a capacidade produtiva mediante certo custo social. Suponhamos que o objetivo seja produzir mais bem-estar social e que na definição de bem-estar se concorde em dar a mais alta prioridade à melhoria da dieta infantil, a fim de obter melhores condições eugênicas para o conjunto da população. Esse objetivo pode ser muito mais rapidamente alcançado reduzindo o consumo supérfluo das minorias privilegiadas (modificando a distribuição do bem-estar) do que aumentando o investimento. Para o economista, existe algo comum a todo ato de investimento: a subtração de recursos ao consumo, ou a transferência do ato de consumo de hoje para o futuro. "Sobre este ponto estamos todos de acordo", diria o professor de economia. Ora, essa afirmação se baseia numa falácia gritante: a ideia de que o consumo é uma massa homogênea. Quando me privo de uma segunda garrafa de vinho, subtraio 50 cruzeiros ao consumo, os quais podem ser utilizados para investimento; quando um trabalhador manual é obrigado a reduzir a sua ração de pão, pode estar comprimindo o nível de calorias que absorve abaixo do que necessita para cobrir o desgaste do dia de trabalho, o que a longo prazo pode reduzir o número total de dias que trabalhará em sua vida. O economista mede o valor do pão economizado, digamos 2,5 cruzeiros, e dirá: a poupança extraída de vinte trabalhadores equivale à segunda garrafa de vinho de que se privou o Sr. Furtado. Se o consumo não é uma massa homogênea, tampouco poderá sê-lo a poupança, que se define como "recursos subtraídos ao consumo presente". E se a poupança não é homogênea, como poderá sê-lo a inversão? Como medir com a mesma régua a inversão financiada com a redução do pão dos trabalhadores e a outra financiada com a minha privação de uma garrafa de vinho?

Passemos à outra vaca sagrada dos economistas: o Produto Interno Bruto (PIB). Esse conceito ambíguo, amálgama considerável de definições mais ou menos arbitrárias, transformou-se em algo tão real para o homem da rua como o foi o mistério da Santíssima Trindade para os camponeses da Idade Média na Europa. Mais ambíguo ainda é o conceito de taxa de crescimento do PIB.

Por que ignorar, na medição do PIB, o custo para a coletividade da destruição dos recursos naturais não renováveis, e o dos solos e florestas (dificilmente renováveis)? Por que ignorar a poluição das águas e a destruição total dos peixes nos rios em que as usinas despejam os seus resíduos? Se o aumento da taxa de crescimento do PIB é acompanhado de baixa do salário real e esse salário está no nível de subsistência fisiológica, é de admitir que estará havendo um desgaste humano. As estatísticas de mortalidade infantil e expectativa de vida podem ou não traduzir o fenômeno, pois, sendo médias nacionais e sociais, anulam os sofrimentos de uns com os privilégios de outros.

Em um país como o Brasil, basta concentrar a renda (aumentar o consumo supérfluo em termos relativos) para elevar a taxa de crescimento do PIB. Isto porque, dado o baixo nível médio de renda, somente uma minoria tem acesso aos bens duráveis de consumo e são as indústrias de bens duráveis as que mais se beneficiam de economias de escala. Assim, dada uma certa taxa de investimento, se a procura de automóveis cresce mais que a de tecidos (supondo-se que os gastos iniciais nos dois tipos de bens sejam idênticos), a taxa de crescimento será maior. Em síntese: quanto mais se concentra a renda, mais privilégios se criam, maior é o consumo supérfluo, maior será a taxa de crescimento do PIB. Dessa forma, a contabilidade nacional pode transformar-se num labirinto de espelhos, no qual um hábil ilusionista pode obter os efeitos mais deslumbrantes.

Não se trata, evidentemente, de negar todo valor a esses conceitos, nem de abandoná-los se não podemos substituí-los por outros melhores. Trata-se de conhecer-lhes a exata significação. A objetividade em ciências sociais vai sendo obtida à medida que se explicitam os fins e se identificam os meios (nos métodos e instrumento de trabalho), o que nestes é decorrência necessária dos referidos fins.

Como esse esforço no sentido de explicação de fins e de identificação do condicionamento dos métodos de trabalho pelos valores implícitos na escolha dos problemas é responsabilidade direta do cientista social, pode-se afirmar que o avanço das ciências sociais também depende do papel que na sociedade se atribuem e exercem os que estudam os problemas sociais. O progresso dessas ciências não é independente do avanço do homem em sua capacidade de autocrítica e autoafirmação. Não é de surpreender, portanto, que essas ciências se degradem quando declinam o exercício da autocrítica e a consciência de responsabilidade social.

POSFÁCIO
Ndongo Samba Sylla

Celso Furtado é um dos mais influentes intelectuais de sua geração.[1] Nascido em 1920, no sertão da Paraíba, teve uma carreira acadêmica prolífica marcada por experiências profissionais significativas no governo federal.

Desde pequeno, durante os anos de ensino secundário, foi influenciado pelo Positivismo, sobretudo pela ideia de que a ciência é a forma última do conhecimento e, portanto, é capaz de contribuir para o progresso. A concepção marxista de que as formas sociais são criações humanas passíveis de ser transcendidas também causou nele uma forte impressão. Isso o fez compreender que as coisas não são imutáveis, dando-lhe esperança de um dia testemunhar melhorias na situação socioeconômica do Nordeste. Na posição de jovem socialmente privilegiado, cresceu em meio a um ambiente de pobreza endêmica, em que a violência e a tirania dos homens competiam com os caprichos da natureza.[2]

Mobilizado, de certa forma, pela tradição familiar, em 1944 formou-se em Direito na Universidade Federal do Rio de Janeiro, e então voltou-se para o campo da Administração, a fim de fortalecer seu conhecimento sobre questões organizacionais. Esse interesse, ligado à importância capital que atribuía ao planejamento, levou-o a estudar Economia na França, onde obteve o doutorado em 1948. Em sua tese, debruçou-se sobre a história da economia colonial brasileira.

---

[1] Publicado originalmente como prefácio na edição estadunidense de *O mito do desenvolvimento econômico* (Polity Press, 2020). Tradução para o português de Roger Melo.
[2] Celso Furtado, "Adventures of a Brazilian Economist". *International Social Science Journal/Unesco*, v. 25, n. 1/2, 1973.

Entre 1949 e 1957, trabalhou como economista na Comissão Econômica para a América Latina (Cepal), no Chile, o que lhe permitiu mergulhar nos desafios econômicos do continente. Ali, entrou em contato com as ideias de Raúl Prebisch, que o nomeou Chefe da Divisão de Desenvolvimento Econômico e de quem herdou, em especial, os conceitos de "centro" e "periferia". O "centro" refere-se às economias que formam o coração do sistema capitalista – os países industrializados/desenvolvidos –, enquanto a "periferia" abarca os demais países, os subdesenvolvidos – aqueles que se especializam na exportação de produtos primários e na importação de bens manufaturados. Como primeiro diretor da Conferência das Nações Unidas sobre Comércio e Desenvolvimento (UNCTAD), desde o seu surgimento em 1964, Prebisch se celebrizou pela tese acerca da deterioração secular dos termos de troca entre os países do centro e os da periferia. Muitos outros intelectuais contribuíram para o pensamento de Celso Furtado, incluindo a influência "decisiva" de John Maynard Keynes, economista britânico, que lhe permitiu compreender que o funcionamento do capitalismo exige um grau significativo de centralização das decisões econômicas.[3]

De 1957 a 1958, a convite do economista Nicholas Kaldor, que conhecera dois anos antes, Celso Furtado realizou uma residência acadêmica na Universidade de Cambridge, no Reino Unido, onde escreveu *Formação econômica do Brasil*, livro que se tornaria um clássico. Em seguida, voltou a seu país e foi nomeado diretor do Banco Nacional de Desenvolvimento Econômico (BNDE). Mais tarde assumiu o comando da Superintendência do Desenvolvimento do Nordeste (Sudene), agência federal responsável pelo desenvolvimento da região, e em 1962 e 1963 atuou como o primeiro ministro do Planejamento do Brasil. No ano seguinte, a ditadura

---

3 Ibid.; Cristobal Kay, "Celso Furtado: Pioneer of Structuralist Development Theory". *Development and Change,* v. 36, n. 6, 2005; Mario Seccareccia e Eugenia Correa, "Celso Furtado and Development Theory". *International Journal of Political Economy*, v. 43, n. 4, 2014.

cassou seus direitos políticos e o obrigou a se exilar durante uma década. Foi professor de Desenvolvimento Econômico, na Sorbonne, em Paris, entre 1965 e 1985. Durante essas duas décadas, teve a oportunidade de realizar várias residências acadêmicas no exterior: foi bolsista de pesquisa na Universidade de Yale (1964-1965), professor visitante na American University (1972), na Universidade de Cambridge (1973-1974), na Pontifícia Universidade Católica de São Paulo, no Brasil (1972) e na Universidade de Columbia (1976-1977), e diretor de pesquisa na École de hautes études en sciences sociales, em Paris (1982-1985). Com o fim da ditadura, tornou-se o embaixador do Brasil na Comunidade Econômica Europeia (CEE) entre 1985 e 1986, e ministro da Cultura de 1986 a 1988. Depois disso foi nomeado membro de diversas comissões internacionais. Celso Furtado morreu em 20 de novembro de 2004, no Rio de Janeiro.[4]

Assim como os economistas heterodoxos que o influenciaram, Celso Furtado se insurgiu abertamente ao longo de sua carreira contra a abordagem estática, formalista e a-histórica da economia neoclássica, que considerava incapaz de refletir satisfatoriamente as realidades econômicas dos países subdesenvolvidos. Trata-se, segundo ele, de uma "ciência trivial, desenhada por pessoas sem imaginação".[5] Ao longo de sua carreira ele procurou resolver o enigma de por que o Brasil – e a América Latina em geral – é economicamente subdesenvolvido, apesar dos abundantes recursos a sua disposição. Essa busca assídua deu origem a uma obra impressionante – mais de trinta livros publicados em cerca de quinze idiomas – que ajudou a reforçar a corrente estru-

---

4 Rosa Freire d'Aguiar, "Celso Furtado: The Struggles of an Economist". *International Journal of Political Economy*, v. 43, n. 4, 2014; C. Kay, "Celso Furtado: Pioneer of Structuralist Development Theory", op. cit.; M. Seccareccia e E. Correa, "Celso Furtado and Development Theory", op cit.
5 C. Furtado, "Adventures of a Brazilian Economist", op. cit., p. 33.

turalista associada à Cepal e a consolidar seu status como pioneiro da economia do desenvolvimento.[6]

Entre as características distintivas do estruturalismo estão a escolha teórica de tomar como ponto de partida e unidade analítica o sistema econômico global, em vez de países isolados, e a adoção do método histórico-estrutural para identificar as especificidades sócio-históricas de diferentes formações sociais e para estudar suas inter-relações tanto diacrônica como sincronicamente. Reformistas em termos de política econômica, os estruturalistas são críticos do *laissez-faire*. Defendem uma intervenção ativa do Estado, considerado um agente central na transformação das estruturas econômicas e sociais.[7]

O pensamento de Celso Furtado foi um ponto alto da revolta intelectual do Terceiro Mundo contra a ordem epistêmica ocidental, entre o fim da Segunda Guerra Mundial

---

[6] Tamás Szmrecsányi, "The Contributions of Celso Furtado (1920–2004) to Development Economics". *The European Journal of the History of Economic Thought* v. 12, n. 4, 2005; C. Kay, "Celso Furtado: Pioneer of Structuralist Development Theory", op. cit.; Ricardo Bielschowsky, "Celso Furtado's Contributions to Structuralism and Their Relevance Today". *Cepal Review,* v. 8, n. 8, 2006; Carlos Mallorquín, "Celso Furtado and Development: An Outline". *Development in Practice*, v. 17, n. 6, 2007; Mauro Boianovsky, "The Structuralist Research Program in Development Economics", in Claudia Sunna e Davide Gualerzi (orgs.), *Development Economics in the 21st Century.* London/ New York: Routledge, 2016; id., "Between Lévi-Strauss and Braudel: Furtado and the Historical-Structural Method in Latin American Political Economy". *Journal of Economic Methodology*, v. 22, n. 4, 2015; id., "A View from the Tropics: Celso Furtado and the Theory of Economic Development in the 1950s". *History of Political Economy*, v. 42, n. 2, 2007; Andrew A. Fischer, "The End of Peripheries? On the Enduring Relevance of Structuralism for Understanding Contemporary Global Development". *Development and Change*, v. 46, n. 4, 2015.

[7] R. Bielschowsky, "Celso Furtado's Contributions to Structuralism and Their Relevance Today", op. cit.; M. Boianovsky, "A View from the Tropics", op. cit.; id., "Between Lévi-Strauss and Braudel", op. cit.; id., "The Structuralist Research Program in Development Economics", op. cit.

e meados dos anos 1970 – período conhecido também por "desenvolvimentismo". O estruturalismo latino-americano, do qual foi um dos principais expoentes, constituiu, juntamente do programa de pesquisa sobre a dependência, uma espécie de vanguarda intelectual dos movimentos de descolonização e libertação nacional que reconfiguraram a geopolítica mundial em meados do século XX. O Terceiro Mundo não queria ser dissolvido nas análises universalizantes de autoria de um mundo "avançado" que tende a projetar no resto do mundo seus clichês e suas fantasias particulares.

A partir da análise da trajetória econômica do Brasil, Celso Furtado foi levado a abordar a questão da especificidade do subdesenvolvimento e os efeitos da expansão do sistema capitalista. Ele afirmou que a Revolução Industrial deu lugar a dois fenômenos diferentes, desenvolvimento e subdesenvolvimento, gêmeos siameses criados pela expansão do sistema capitalista e que, portanto, não podem ser concebidos de maneira independente. Essa tese, absolutamente original, rompe tanto com as análises evolucionistas à la Rostow (1960), que compreende o subdesenvolvimento como uma etapa anterior ao desenvolvimento, quanto com as perspectivas modernistas, baseadas na difusão de valores e técnicas de produção "modernas" como forma de impulsionar os países subdesenvolvidos para a rampa do desenvolvimento. Elimina também as racionalizações racistas que buscavam justificar as lacunas de desenvolvimento recorrendo a termos ora biológicos ("não tem a cor de pele certa"), ora culturais ("não tem a cultura certa"), ora pseudoinstitucionais ("não têm as instituições certas"). Furtado escreveu:

> [...] o subdesenvolvimento é um aspecto da forma como o capitalismo industrial tem crescido e se espalhado desde o início. [...] O estudo do subdesenvolvimento deve começar com a identificação dos tipos particulares de estruturas criadas na periferia da economia capitalista pelo sistema da divisão internacional do trabalho. Por isso, construir um modelo de economia

subdesenvolvida como um sistema fechado é completamente enganoso. Isolar um subdesenvolvimento econômico do contexto geral da expansão capitalista é descartar desde o início o problema fundamental da natureza das relações externas dessa tal economia, a saber, o fato de sua dependência global.[8]

De acordo com Furtado, a peculiaridade do Brasil é ter se industrializado – mais rápido que outros países de Terceiro Mundo – e, ao mesmo tempo, mantido as características do subdesenvolvimento. Essas se manifestam por meio de grandes diferenças de produtividade entre as zonas urbanas e rurais; pelo aumento das populações subempregadas nas áreas urbanas; e por diferenças abissais nos padrões de vida entre uma minoria que concentra uma grande parte do rendimento nacional e uma maioria que vive em nível de subsistência. Em um contexto como o brasileiro, em que o ritmo e a direção do progresso técnico são ditados a partir do exterior, a industrialização não conduz a uma homogeneização das técnicas produtivas e dos padrões de consumo, sobretudo quando há muita desigualdade na distribuição de renda. A minoria rica tende a consumir bens diversificados cuja produção exige investimento massivo de capital, enquanto a maioria tende a consumir bens pouco diversificados produzidos com baixa tecnologia.

O que Furtado descreveu como o "modelo" brasileiro, entre aspas, mas que seria mais correto chamar de "doença brasileira", refere-se a uma situação de forte crescimento econômico sem "desenvolvimento econômico". De fato, entre 1950 e 1982, o setor industrial do Brasil cresceu em média 8,1% ao ano. Embora essa taxa de crescimento excepcional tenha aumentado a participação do setor industrial de 26% para 37% do PIB, a desigualdade de renda foi agra-

---

[8] C. Furtado e Cherita Girvan, "The Brazilian 'Model'". *Social and Economic Studies*, v. 22, n. 1, 1973, p. 122.

vada. A parcela da renda dos 10% mais ricos passou de 39,7% em 1960 para 47,7% em 1980.[9]

Na linguagem de Furtado, "desenvolvimento econômico" é um conceito sinônimo de ampla difusão social dos frutos da acumulação de capital e da inovação tecnológica. Ele contrastou o desenvolvimento com duas outras fontes de crescimento econômico: a exploração à exaustão dos recursos não renováveis e os ganhos de produtividade resultantes da inserção na divisão internacional do trabalho. Para ele, a industrialização brasileira foi principalmente conduzida pelas duas últimas, que tendem a agravar as desigualdades de renda. Isso porque sua "ferramenta mais significativa" é "a tendência estrutural de excluir as massas da população dos benefícios da acumulação e do progresso técnico".[10]

São esses elementos de análise que compõem a conjuntura teórica de *O mito do desenvolvimento econômico*.

Limites do crescimento

O mito do desenvolvimento econômico não está entre os livros mais conhecidos de Celso Furtado. Diante das conclusões radicais que apresenta, isso é certamente surpreendente. Publicado primeiro em português, em 1974, e traduzido para o francês dois anos depois, o livro é uma longa discussão sobre *Limites do crescimento*, um relatório histórico do Clube de Roma que merece certa atenção.

O Clube de Roma foi formado por iniciativa de Aurelio Peccei, empresário e humanista que participou da Resistência Italiana contra o fascismo. O nome dessa rede de

---

9 Werner Baer, "Crescimento com desigualdade: os casos do Brasil e do México". *Cadernos de Estudos Sociais*, v. 2, n. 2, 2001; Fernando de Holanda Barbosa, "Economic Development: the Brazilian Experience", in Akio Hosono e Neantro Saavedra-Rivano (orgs.). *Development Strategies in East Asia and Latin America*. London: Palgrave Macmillan, 1998.
10 C. Furtado e C. Girvan, "The Brazilian 'Model'", op. cit., p. 130.

amigos vem do fato de terem se reunido pela primeira vez em 1968, em Roma. Naquela época, o objetivo de seus membros ilustres foi buscar soluções para o que chamavam de "Problemática Mundial", um conceito amplo que se refere a vários problemas associados à civilização industrial. Na lista dos 66 "problemas críticos contínuos" que o Clube identificou, havia, por exemplo, poluição, esgotamento dos recursos, desnutrição, pobreza, guerra, racismo, crime, terrorismo, entre outros. O que ligava todos esses problemas? Qual seria a causa comum entre eles? Como poderiam ser resolvidos? O Clube de Roma contratou um grupo de cientistas incluindo Donella H. Meadows, Dennis L. Meadows, Jorgen Randers e William W. Behrens, do Instituto de Tecnologia de Massachusetts (MIT), para trabalhar nessas questões. Entre 1970 e 1972, essa equipe de pesquisa criou um modelo computacional baseado na teoria das dinâmicas de sistemas que permitiu a eles analisar as inter-relações e o comportamento, entre os anos de 1900 e 2100, de cinco fatores principais: população, produção industrial, produção agrícola, recursos naturais e poluição. Seus resultados foram publicados em um livro para o público geral intitulado *Limites do crescimento*.[11]

A maior descoberta dessa pesquisa foi tão explosiva quanto contraintuitiva. A causa principal da "Problemática Mundial", isto é, o denominador comum de "problemas críticos contínuos", é a busca do crescimento econômico. Em outras palavras, se a civilização industrial parece estar indo mal e sendo afligida por muitos males, a culpa é precisamente do "choque do crescimento exponencial da utilização de energia, dos fluxos de materiais e da população contra

---

[11] Donella H. Meadows, Dennis L. Meadows, Jorgen Randers e William W. Behrens III, *The Limits to Growth: A Report for the Club of Rome's Project on the Predicament of Mankind*. New York: Universe Books, 1972 [ed. bras.: *Limites do crescimento*, trad. Inês M. F. Litto. São Paulo: Perspectiva, 1973].

os limites físicos da Terra".[12] Esse resultado foi espantoso para muitos porque equivalia a dizer: "Aquilo que o mundo inteiro vê como a solução para seus problemas é, na verdade, a causa desses problemas".[13]

Por que justo o crescimento econômico seria a fonte dos problemas da humanidade, quando ele deveria trazer mais prosperidade para todos? A razão para isso é simples, de acordo com seus autores: num mundo com recursos finitos/limitados, o crescimento infinito/ilimitado é uma impossibilidade lógica e prática. O crescimento econômico é duplamente limitado: em primeiro lugar, nem todos os recursos que permitem o crescimento exponencial do capital, da população, da indústria e da agricultura são renováveis. Cedo ou tarde, atingiremos essa primeira espécie de limites. Em segundo lugar, o sistema industrial tem consequências irreversíveis para o ambiente físico – incluindo a atmosfera – que comprometem a habilidade do planeta de resistir à crescente pressão que lhe é imposta.

Devido à existência de tais limites relacionados a "fontes" e "sumidouros", a busca do crescimento econômico conduz necessariamente à ultrapassagem e ao colapso, que se manifestará provavelmente no declínio repentino e incontrolável da população e da capacidade industrial. De fato, esse é o resultado mais frequente entre os doze cenários modelados pela equipe de Meadows. De acordo com suas projeções, os limites do crescimento seriam atingidos em cem anos (ou seja, entre 1970 e 2070), se fossem mantidas as tendências globais observadas de crescimento populacional, industrialização, produção alimentar, poluição e esgotamento de recursos. Para os autores de *Limites do crescimento*, não se tratava de uma previsão, mas de um prognóstico baseado nas tendências observadas até então, que poderiam ser revertidas caso houvesse vontade política no acordo entre as nações.

---

12 D. H. Meadows, "The History and Conclusions of *The Limits to Growth*". *System Dynamics Review*, v. 23, n. 2/3, 2007, p. 193.
13 Ibid.

Perante a crença "tecno-otimista" de que os avanços tecnológicos poderiam ampliar os limites do crescimento – por exemplo, por meio de uma gestão mais racional dos recursos não renováveis, da criação de substitutos e da redução dos níveis de poluição –, os autores da pesquisa foram categóricos. Serão necessários avanços tecnológicos a fim de permitir a transição para um novo sistema econômico global pós-crescimento, baseado num novo sistema de valores. Esses avanços não serão, no entanto, capazes de mudar o jogo. Segundo a equipe de Meadows, mudanças no sistema de valores, sobretudo na produção, no consumo e na reprodução de padrões, serão bem mais decisivas para o futuro da humanidade que os avanços tecnológicos. Na verdade, a cultura moderna, que consiste em "lutar contra os limites em vez de aprender a conviver com eles", é parte do problema.[14] Se não aceitar a necessidade de viver de acordo com os limites do planeta, a humanidade enfrentará o horizonte de um colapso repentino.

A principal recomendação desse estudo era a de que as nações deveriam trabalhar rapidamente na transição do crescimento para o equilíbrio. Sendo definido como o "estado de não crescimento" ou o estado em que a população e o capital se mantêm constantes em escala mundial, o "equilíbrio global" não é um estado de empobrecimento em massa. Ele "poderia ser projetado de modo que as necessidades materiais básicas de cada pessoa na terra fossem satisfeitas e cada pessoa tivesse a mesma oportunidade de concretizar seu potencial humano individual".[15] Os países mais ricos deveriam cooperar e concordar em fazer ajustes significativos em seu estilo de vida. Isso porque foram eles que desencadearam a "síndrome do crescimento" na humanidade, sendo também os que podem arcar com os custos materiais de pôr fim a ela. A estratégia global é indispensável e precisa incluir os países subdesenvolvidos, cujas necessidades particulares devem ser levadas em consideração.

---
14 D. H. Meadows et al., *The Limits to Growth*, op. cit., p. 150.
15 Ibid., p. 24.

Limites do crescimento se tornou um best-seller mundial, tendo sido traduzido para cerca de trinta línguas e se tornado um dos livros de referência da literatura ambientalista. Assim que foi publicado, ganhou apoiadores fervorosos, mas também adversários ferozes, muitas vezes recrutados entre economistas convencionais que não queriam ser privados de sua *raison d'être* profissional – difundir a fé "crescimentista".[16] Diferentemente desses, Celso Furtado teve um compromisso mais construtivo com essa obra. Reconheceu imediatamente que se tratava de um trabalho original porque, pela primeira vez, pesquisadores modelaram a economia mundial como um sistema fechado. Até então, a abordagem dominante tinha sido partir de países individuais e assumir que os recursos não renováveis eram ilimitados no "mundo exterior" – isto é, no restante do mundo. Sublinhou também sua importância: *Limites do crescimento* abordou uma questão global largamente ignorada pelos economistas, a saber, as consequências da acumulação de capital para o ambiente físico.

Embora elogiasse sua abordagem e seu alcance, Celso Furtado criticou a obra por camuflar a grande dependência dos países centrais em relação aos recursos naturais dos países periféricos. Essa, no entanto, é uma crítica relativamente secundária. Sua crítica fundamental é que *Limites do crescimento* fez projeções baseadas numa suposição questionável, para não dizer desmentida: "à medida que o restante do mundo se desenvolver economicamente, seguirá, em linhas gerais, o padrão de consumo dos EUA".[17]

Em *O mito do desenvolvimento econômico*, Furtado faz uma contestação estruturalista da hipótese de que seria possível difundir para o restante da humanidade o estilo de consumo dos países do centro, expondo a ignorância flagrante dessa hipótese quanto à especificidade do subdesenvolvimento

---

16 Christopher Ketcham, "The Fallacy of Endless Economic Growth: What Economists Around the World Get Wrong About the Future". *Pacific Standard*, 22 set. 2018.

17 D. H. Meadows et al., *The Limits to Growth*, op. cit., p. 109.

e, com base nisso, explicando suas falhas. O autor encerra a discussão indicando as principais conclusões de *Limites do crescimento* que, para ele, os países de Terceiro Mundo deveriam ter em conta.

A leitura estruturalista de *Limites do crescimento*

Furtado distingue três fases na evolução do capitalismo industrial. A primeira corresponde à Revolução Industrial e à instauração da hegemonia britânica. A segunda marca a contestação dessa última por parte dos países que pretendiam construir *sistemas econômicos nacionais*, isto é, adquirir uma estrutura industrial integrada e articulada em nível nacional que favorecesse uma maior homogeneidade nas técnicas de produção e nos padrões de consumo. Esses países formariam posteriormente o centro do sistema econômico mundial – Estados Unidos, Europa ocidental e Japão.

A terceira fase começou em meados do século XX. Corresponde à experiência dos países da periferia econômica, formados na maioria por ex-colônias ou territórios dependentes, os quais, durante a primeira fase, haviam sido integrados ao sistema capitalista como exportadores de matérias-primas e importadores de bens manufaturados. Tendo mantido desde então essa especialização, tais países não tiveram a oportunidade de criar sistemas econômicos nacionais. É por esse motivo que, ao contrário dos países tidos como centrais, sua industrialização assumiu inicialmente a forma de uma *industrialização de substituição de importações*. Outra particularidade histórica é que a industrialização na periferia foi estimulada pela atividade de multinacionais no centro. Esse processo transcorreu num contexto em que a maior integração entre os países centrais constituiu um terreno propício ao aparecimento de multinacionais e à implantação das suas atividades em escala global. Isso porque, quando atuam na periferia, podem ultrapassar os obstáculos tradicionais à industrialização associados à pequena dimensão dos mercados internos, à falta de capital e ao baixo nível de desenvolvimento tecnológico.

Para Furtado, a industrialização na periferia do sistema capitalista tem propriedades diferentes daquela observada no centro. Nesse último caso, é acompanhada pelo aumento dos salários de acordo com a produtividade e pela estabilidade na distribuição de renda. Isso incentiva a expansão dos mercados nacionais, a difusão de novos bens e serviços e a homogeneização dos padrões de consumo. Em contrapartida, na periferia, a industrialização é impulsionada mais pelo dinamismo dos setores orientados para exportação – os quais são controlados por multinacionais do centro – do que pelos processos internos de acumulação de capital e inovação tecnológica. O resultado disso é a constituição de uma heterogeneidade tecnológica – a coexistência de um setor "moderno" com uma economia "tradicional" – e social – desigualdades de renda significativas entre uma minoria que opera no setor "moderno" e que tenta imitar o modo de vida dos países centrais, por um lado, e, por outro, a vasta maioria que vive em nível de subsistência, com uma cesta pouco diversificada de bens de consumo que em geral exigem relativamente pouco capital para ser produzidos. Consequentemente, quanto mais a industrialização se acelera, mais ela tende a piorar a distribuição de renda e, assim, a manter as estruturas do subdesenvolvimento. Furtado resume as diferenças entre industrialização central e periférica argumentando que elas correspondem a dois modos distintos de alocação do *excedente econômico*. Nos países centrais, esse é investido nas atividades produtivas, enquanto nos países periféricos ele tende a fomentar as importações, especialmente as de interesse da minoria privilegiada, ansiosa para imitar os padrões de consumo dos países desenvolvidos.

Assim como a segunda fase da evolução do capitalismo industrial, quando comparada à primeira fase, resultou em uma maior *centralização das decisões econômicas*, a terceira fase foi ainda mais longe nessa área, em comparação à segunda, com a diferença importante de que agora eram os monopólios (termo usado na literatura marxista para designar os oligopólios ou as grandes empresas multinacionais), mais do que os Estados, que constituíam o centro da tomada de decisão econômica. As funções do Estado no centro e na periferia mudam em consonância com sua posição. No que diz respeito aos países do centro, Furtado teve uma apreciação bastante positiva do papel dos monopólios: "Favorecendo por todas as formas a inovação, o oligopólio constitui poderoso instrumento de expansão econômica" [p. 39]. Graças a sua maior coordenação da atividade econômica, "os custos humanos e sociais de operação das economias capitalistas foram consideravelmente reduzidos" [p. 65]. Essa visão é o exato oposto daquela de Baran e Sweezy,[18] para quem a era do capitalismo monopolista é sinônimo de irracionalidade, desperdício, asfixia da inovação e, em última análise, estagnação econômica. Nos países periféricos, Furtado observou que os monopólios têm dois efeitos contraditórios sobre o aparelho estatal. Por um lado, contribuem para a modernização da burocracia, induzindo-a a ser mais eficiente na execução esperada de suas tarefas; por outro lado, consagram a impotência do Estado, que deixa de ser capaz de *dirigir* e *coordenar* a atividade econômica. Enquanto isso permanecer assim, enquanto as decisões econômicas continuarem nas mãos dos monopólios, os países periféricos mais "avançados" não conseguirão abandonar um tipo de acumulação socialmente polarizadora. De fato, os monopólios não estão interessados em outra *orientação econômica* para a periferia – como, por exemplo, um tipo de acumulação mais igualitária.

Assim, segundo Furtado, o funcionamento do sistema econômico mundial, desde a Revolução Industrial, tem contribuído estruturalmente para aumentar as desigualdades de renda entre os países do centro e da periferia, mas tam-

---

18 Paul A. Baran e Paul M. Sweezy, *Capitalismo monopolista: ensaio sobre a ordem econômica e social americana*, trad. Waltensir Dutra. Rio de Janeiro: Zahar, 1966.

bém internamente à periferia. Essa tendência foi exacerbada, e não atenuada, na era do capitalismo monopolista. Por isso, frisou Furtado, a hipótese de que o padrão de vida das pessoas da periferia convergirá em direção ao dos países ricos deve ser rejeitada. Essas ideias o levaram a três conclusões.

Em primeiro lugar, a pressão sobre os recursos naturais no futuro será muito menor do que a projetada pelo *Limites do crescimento*, uma vez que o padrão de consumo dos países centrais só diz respeito a uma minoria da população mundial e nunca poderá ser generalizado para todo o planeta. O cenário de "cataclisma", do colapso da civilização industrial, parecia-lhe, portanto, improvável "num horizonte previsível":

> a tendência evolutiva predominante é no sentido de excluir nove pessoas em dez dos principais benefícios do desenvolvimento; e se observamos em particular o conjunto dos países periféricos, constatamos que aí a tendência é no sentido de excluir dezenove pessoas em vinte. Essa massa crescente, em termos absolutos e relativos, de excluídos, que se concentra nos países periféricos, constitui por si mesma um fator de peso na evolução do sistema. [p. 86]

Em segundo lugar, continua Furtado, à luz da tendência de polarização do capitalismo industrial, os resultados destacados em *Limites do crescimento* devem ser interpretados de forma diferente. Na verdade, para ele, o mérito desse trabalho científico é o de ter mostrado *incidentalmente* que a generalização do modo de vida ocidental para o restante do mundo levaria necessariamente ao colapso da civilização.

> [*Limites do crescimento*] proporciona uma demonstração cabal de que o estilo de vida criado pelo capitalismo industrial sempre será o privilégio de uma minoria. O custo, em termos de depredação do mundo físico, desse estilo de vida é de tal forma elevado que toda tentativa de generalizá-lo levaria inexoravelmente ao colapso de toda uma civilização, pondo em risco as possibilida-

des de sobrevivência da espécie humana. Temos assim a prova cabal de que o *desenvolvimento econômico* – a ideia de que os *povos pobres* podem algum dia desfrutar das formas de vida dos atuais *povos ricos* – é simplesmente irrealizável. Sabemos agora de forma irrefutável que as economias da periferia nunca serão *desenvolvidas*, no sentido de similares às economias que formam o atual centro do sistema capitalista. [pp. 87–88]

O "desenvolvimento econômico" prometido aos países de Terceiro Mundo é, portanto, um "mito" no sentido de uma ilusão que nunca poderá se concretizar; além disso, os países centrais não têm nenhum interesse em que isso ocorra.[19] Pois, caso contrário, como poderiam permitir-se um modo de vida caracterizado pelo desperdício imprudente dos recursos do planeta? O desenvolvimento econômico também é um mito no sentido de ser uma ideologia funcional: justifica o status quo legitimando a manutenção do capitalismo industrial, bem como a destruição que esse sistema causa nos planos cultural e ambiental.

Por fim, partindo da observação de que o capitalismo industrial não tem nenhuma perspectiva de vida digna a oferecer para a vasta maioria da humanidade, Furtado esboçou os princípios para uma *orientação de desenvolvimento* alternativa que poderia ser mais igualitária e econômica em termos de recursos. Para tal, deverá ser dada prioridade a uma ampla difusão social de produtos de consumo cuja produção escape ao culto modernista da obsolescência programada.

Um mito duradouro

Apesar de ter sido publicado há 46 anos, e das importantes transformações ocorridas desde então, a mensagem de *O mito do desenvolvimento econômico* é agudamente atual. Hoje, as mudanças climáticas e, em particular, o aquecimento glo-

---

19 C. Furtado, "Le mythe du développement et le futur du Tiers Monde". *Revue Tiers Monde*, v. 15, n. 57, 1974, p. 64.

bal são o espectro que assombra a sobrevivência da espécie humana. De acordo com o relatório *Planeta vivo 2018*:

> Nos últimos cinquenta anos, a taxa de aumento médio da temperatura global foi 170 vezes maior que a taxa base. A acidificação dos oceanos pode estar ocorrendo a uma taxa sem precedentes nos últimos 300 milhões de anos, no mínimo. A Terra está perdendo sua biodiversidade em uma taxa observada apenas durante as extinções em massa. E ainda mais mudanças podem estar a caminho, uma vez que as pessoas são responsáveis pela liberação de 100 milhões de toneladas de carbono no sistema terrestre a cada dez anos.[20]

Para refletir sobre tais mudanças drásticas, o conceito de "antropoceno" foi desenvolvido para descrever uma nova era geológica caracterizada pela influência significativa da ação humana sobre o ambiente físico. Ainda mais sugestivo, o conceito de "capitaloceno" foi proposto para ligar a degradação ambiental à lógica desenfreada da acumulação de capital.[21]

Celso Furtado não previu tal desenvolvimento. Pois, de certo modo, subestimou a importância do relatório do Clube de Roma, cujos resultados não foram contrariados pelos modelos globais que realizaram o mesmo exercício posteriormente.[22] Sua afirmação de que as "conclusões catastróficas" do relatório deveriam ser rejeitadas não era de todo justificada. Na verdade, sua atenção estava centrada nas tendências ligadas aos recursos não renováveis. Ele não abordou verdadeiramente a questão do impacto da civilização industrial, de suas origens até a época, no que diz respeito à capacidade de carga – a biocapacidade – da

---

20 M. Grooten e R. E. A. Almond (orgs.), *Living Planet Report-2018: Aiming Higher*. Gland: WWF, 2018.
21 Jason W. Moore (org.), *Anthropocene or Capitalocene? Nature, History, and the Crisis of Capitalism*. Oakland: PM Press, 2016.
22 D. H. Meadows, "The History and Conclusions of *The Limits to Growth*", op. cit., p. 195.

Terra. Embora, contrariando o argumento de Furtado, o crescimento econômico talvez leve muito tempo para ser limitado pela disponibilidade de recursos naturais, ele ainda pode ser limitado pela saturação dos "sumidouros". O que atualmente põe em risco a sobrevivência humana é menos a exaustão das "fontes" do que a diminuição da capacidade do planeta de suportar os danos irreversíveis infligidos pela busca de crescimento econômico.

Em todo caso, o caráter particularmente ecocida do capitaloceno reforça, e de modo algum invalida, as outras duas conclusões de Furtado: que o desenvolvimento econômico é um mito e que os países do Sul global, em particular – e a humanidade em geral –, devem encontrar um modelo alternativo ao sistema capitalista e não apenas ao "capitalismo industrial". A crença tenaz de que o crescimento econômico é a solução para os problemas contemporâneos, incluindo as mudanças climáticas, explicita a pertinência de reiterar enfaticamente as conclusões de Furtado.

Com efeito, a ideia de que os países do Sul global podem recuperar o atraso em relação ao padrão de vida dos países desenvolvidos resulta de uma leitura truncada da trajetória econômica desses últimos. Na Europa, em particular, a industrialização do século XIX sem dúvida permitiu absorver grande parte da mão de obra que fora dispensada pelos setores agrícolas e do artesanato. Mas isso não era suficiente para absorver a força de trabalho excedente. A emigração, sobretudo para as Américas, foi a principal saída. Contudo, se os países do Sul global quiserem seguir a mesma trajetória de desenvolvimento, isso conduzirá à expropriação em massa dos camponeses e, por consequência, à criação de uma força de trabalho excedente em números significativos. Esta não seria absorvida pelo setor "moderno", seja devido à ausência de indústrias, seja por conta do alto grau de investimento de capital exigido pelas tecnologias utilizadas. Nesse contexto e na ausência de novas Américas "disponíveis" no planeta, a disparidade nas condições de vida deve continuar sendo a norma, como se observa atualmente na maioria dos países do Sul global. Conforme explicou Samir Amin:

> [...] o desenvolvimento do capitalismo na Europa, nos Estados Unidos e no Japão reduziu a população ativa envolvida na agricultura para 5% em cada uma dessas regiões, sem comprometer a capacidade da nova agricultura capitalista modernizada de atender às demandas pela expansão da produção alimentar. Por que então os países da periferia não podem ser acelerados nesse mesmo sentido, ainda que tardiamente? Essa proposta é insustentável porque ignora as condições específicas que permitiram ao Ocidente prosperar e que, por si só, impedem sua reprodução em outros lugares. Seu sucesso, aliás, só foi possível porque as indústrias instaladas na época, durante o século XIX, conseguiram absorver grande parte das populações rurais expulsas do campo. Além disso, as populações excedentes tiveram a opção de emigrar em massa para as Américas (se considerarmos que a população europeia representava 15% da população mundial em 1500 e que, juntamente dos descendentes de europeus na América, representava 36% da população em 1900, a emigração para o exterior permitiu o desenvolvimento de uma "segunda Europa"). Na situação contemporânea, as exigências de que as indústrias das periferias sejam "competitivas" nos mercados mundiais justificam a utilização de tecnologias modernas que reduzem o nível de mão de obra intensiva. Ao mesmo tempo, não há novas Américas que possam receber imigrações em massa provenientes da Ásia ou de África. Nessas condições, a procura de um modelo baseado no capitalismo histórico não produz nada mais do que a migração dos campos devastados para as favelas urbanas.[23]

As oportunidades escassas de emigração em grande escala para novas "Américas" constituem uma razão importante pela qual os países do Sul global não podem reproduzir a trajetória de desenvolvimento do Ocidente. Outra razão não

---

23 Samir Amin, "Tribute to Sam Moyo". *Agrarian South: Journal of Political Economy*, v. 5, n. 2/3, 2017, p. 3.

menos importante é que, desde os primórdios do capitalismo até hoje, o desenvolvimento econômico do Ocidente tem se baseado na captura da biocapacidade dos países do Sul global. A conquista das Américas foi um dos maiores ecocídios da Era Moderna.[24] Hoje, seriam necessários 2,8 planetas para dar conta da população mundial se todos os habitantes da Terra tivessem a mesma pegada ecológica que o residente médio da União Europeia. Ainda que essa represente apenas 7% da população mundial, faz uso de 20% da biocapacidade do planeta.[25] O "imperialismo ecológico" dos países ricos, expresso em parte enquanto "troca ecológica desigual", consiste em manter os países mais pobres numa situação em que não podem se dar ao luxo de explorar racionalmente seus recursos para o próprio consumo interno[26] e forçando-os a arcar com os custos ecológicos da economia de expansão capitalista.[27] Essa tendência se tornou mais evidente na era neoliberal marcada pela "financeirização" do capitalismo.[28]

De acordo com as previsões de Celso Furtado, as desigualdades econômicas entre países desenvolvidos e o Sul global se acirraram. Para boa parte desses últimos, a tendência dominante, a longo prazo, não tem sido a recuperação

---

24 Kirkpatrick Sale, *Christopher Columbus and the Conquest of Paradise*. London: Tauris Parke Paperbacks, 2006, pp. 81-82 [ed. bras. *A conquista do Paraíso: Cristovão Colombo e seu legado*. Rio de Janeiro: J. Zahar, 1992].
25 *EU Overshoot Day Report: Living Beyond Nature's Limits*. Brussels: WWF, 2019.
26 Utsa Patnaik e Prabhat Patnaik, *Uma teoria do imperialismo*. São Paulo: LavraPalavra, 2024.
27 Jennifer E. Givens, Xiaorui Huang Huang e Andrew K. Jorgenson "Ecologically Unequal Exchange: A Theory of Global Environmental Injustice". *Sociology Compass*, v. 13, n. 5, 2019; John Bellamy Foster, Hannah Holleman, "The Theory of Unequal Ecological Exchange: A Marx-Odum Dialectic". *The Journal of Peasant Studies*, v. 41, n. 2, 2014.
28 Mariko Lin Frame, "The Neoliberalization of (African) Nature as the Current Phase of Ecological Imperialism". *Capitalism Nature Socialism*, v. 27, n. 1, 2016.

econômica – a generalização do modo de vida ocidental –, e sim a polarização social acompanhada por uma degradação ambiental significativa. Isso é verdadeiro mesmo para o caso da China e da Índia, apesar do progresso espetacular que ambos os países alcançaram desde então.[29] O caso da China, a maior poluidora do mundo em termos absolutos, mas muito menos que os países ocidentais em termos relativos, também é interessante, porque fornece uma ilustração eloquente da proposição de Furtado: a de que qualquer tentativa de universalizar o modo de vida ocidental corre o risco de acelerar o colapso. Estima-se que a produção global de eletricidade e de automóveis teria de aumentar catorze vezes se o chinês médio tivesse o mesmo nível de consumo que o estadunidense médio.[30] Acredita-se também que a poluição atmosférica seja responsável por 1,6 milhões de mortes prematuras todos os anos na China.[31]

Dentro dos países do Sul global, as desigualdades econômicas parecem ter aumentado; quando diminuídas, como no caso do Brasil, permanecem ainda em patamares muito elevados. Também nesse ponto Furtado tinha razão. O economista brasileiro, entretanto, não tinha previsto o aumento das desigualdades em termos de renda e riqueza nos países desenvolvidos. Nestes, nas últimas quatro décadas, os salários reais da grande maioria dos trabalhadores se mantiveram praticamente estagnados, a despeito do aumento da produtividade da mão de obra. Isso levou à maior concentração de renda e à tendência decrescente da participação da mão de obra no rendimento nacional.[32] O advento do "capitalismo financeiro" significou, portanto, que atual-

---

[29] Branko Milanovic, *The Haves and the Have-Nots: A Brief and Idiosyncratic History of Global Inequality*. New York: Basic Books, 2012.
[30] Andrea Goldstein e Françoise Lemoine, *L'économie des BRIC (Brésil, Russie, Inde, Chine)*. Paris: La Découverte, 2013.
[31] David Stanway, "China Cuts Smog but Health Damage Already Done: Study". *Reuters*, 17. abr. 2017.
[32] Thomas Piketty, *O capital no século XXI*, trad. Monica de Bolle. Rio de Janeiro: Intrínseca, 2014.

mente não é apenas na periferia que as massas emergentes são excluídas dos frutos da acumulação de capital e do progresso técnico. Essa tendência inerente ao capitalismo já não poupa os países do centro. E está associada à pressão crescente sobre os recursos não renováveis. Em outras palavras, para um número cada vez maior de cidadãos nos países ricos, o desenvolvimento econômico também se tornou um mito.

Por ocasião do centenário de nascimento de Celso Furtado, é com grande satisfação que recebemos a publicação de um livro cuja mensagem ainda encontra eco hoje, colocando um desafio claro para nós. Isso enquanto os países do Norte persistirem na defesa do crescimento econômico e os países do Sul permanecerem cegos pela promessa ilusória de recuperação econômica.

NDONGO SAMBA SYLLA (Senegal, 1978) é economista. Atua como Gerente de Programa e Pesquisa na Fundação Rosa Luxemburgo em Dakar desde 2012 e como Chefe de Pesquisa e Política para a Região da África na International Development Economics Associates (IDEAS) desde 2023. Entre 2006 e 2009, foi assessor técnico da Presidência da República do Senegal. É autor de *Le scandale commerce équitable* (L'Harmattan, 2012), *Pour une autre Afrique* (L'Harmattan, 2014), *Les mouvements sociaux en Afrique de l'Ouest* (L'Harmattan, 2014) e *La démocratie contre la République* (L'Harmattan, 2015), e coautor de *De la démocratie en Françafrique* (La Découverte, 2024).

SOBRE O AUTOR

CELSO FURTADO nasceu em Pombal, Paraíba, em 1920. Graduou-se em direito na Universidade do Brasil (atual Universidade Federal do Rio de Janeiro) em 1944 e obteve o doutorado em Economia na Universidade de Paris em 1948. Trabalhou como economista na Comissão Econômica para a América Latina (Cepal) entre 1949 e 1958, idealizou em 1959 a Superintendência do Desenvolvimento do Nordeste (Sudene), a qual dirigiu até 1964, e foi o primeiro ministro do Planejamento do Brasil, no governo João Goulart, entre 1962 e 1963. No exílio, foi professor por vinte anos na Universidade de Paris-Sorbonne, e também nas universidades de Cambridge (onde escreveu *O mito do desenvolvimento econômico*), American, Yale e Columbia. Com a redemocratização, atuou como embaixador do Brasil junto à Comunidade Econômica Europeia (CEE) de 1985 a 1986 e como ministro da Cultura entre 1986 e 1988. Publicou cerca de trinta livros, majoritariamente sobre teoria, história e política econômicas, traduzidos em uma dúzia de idiomas. Morreu no Rio de Janeiro, em novembro de 2004.

Obras selecionadas

A economia brasileira (contribuição à análise de seu desenvolvimento). Rio de Janeiro: A Noite, 1954.
Formação econômica do Brasil [1959]. São Paulo: Companhia das Letras, 2007.
A pré-revolução brasileira. Rio de Janeiro: Fundo de Cultura, 1962.
Teoria e política do desenvolvimento econômico [1967]. Rio de Janeiro: Paz e Terra, 2000.
Prefácio a Nova economia política. Rio de Janeiro: Paz e Terra, 1976.
Criatividade e dependência na civilização industrial [1978]. São Paulo: Companhia das Letras, 2008.

COLEÇÃO EXPLOSANTE

COORDENAÇÃO Vladimir Safatle

Em um momento no qual revoluções se faziam sentir nos campos da política, das artes, da clínica e da filosofia, André Breton nos lembrava como havia convulsões que tinham a força de fazer desabar nossas categorias e limites, de produzir junções que indicavam novos mundos a habitar: "A beleza convulsiva será erótico-velada, explosante-fixa, mágico-circunstancial, ou não existirá". Tal lembrança nunca perderá sua atualidade. A coleção Explosante reúne livros que procuram as convulsões criadoras. Ela trafega em vários campos de saber e experiência, trazendo autores conhecidos e novos, nacionais e estrangeiros, sempre com o horizonte de que Explosante é o verdadeiro nome do nosso tempo de agora.

TÍTULOS

Petrogrado, Xangai, Alain Badiou
Chamamento ao povo brasileiro, Carlos Marighella
Alienação e liberdade, Frantz Fanon
A sociedade ingovernável, Grégoire Chamayou
Guerras e Capital, Éric Alliez e Maurizio Lazzarato
Governar os mortos, Fábio Luís Franco
A vontade das coisas, Monique David-Ménard
A revolução desarmada, Salvador Allende
Uma história da psicanálise popular, Florent Gabarron-Garcia
A revolução molecular, Félix Guattari
Fazer da doença uma arma, SPK

© Ubu Editora, 2024
© André Tosi Furtado e Mario Tosi Furtado, 2024
posfácio © Ndongo Samba Sylla, 2020

[CAPA] Ibama combate desmatamento ilegal na Terra Indígena Piriti, Roraima, 2018. Foto: Felipe Werneck/Ibama.

PREPARAÇÃO DE ARQUIVO Julio Haddad
PREPARAÇÃO DE TEXTO Fabiana Pellegrini
REVISÃO Débora Donadel
COMPOSIÇÃO Nikolas Suguiyama
TRATAMENTO DE IMAGEM Carlos Mesquita
PRODUÇÃO GRÁFICA Marina Ambrasas

EQUIPE UBU
DIREÇÃO EDITORIAL Florencia Ferrari
DIREÇÃO DE ARTE Elaine Ramos; Júlia Paccola e Nikolas Suguiyama (assistentes)
COORDENAÇÃO GERAL Isabela Sanches
COORDENAÇÃO DE PRODUÇÃO Livia Campos
EDITORIAL Bibiana Leme e Gabriela Ripper Naigeborin
COMERCIAL Luciana Mazolini e Anna Fournier
COMUNICAÇÃO/CIRCUITO UBU Maria Chiaretti, Walmir Lacerda e Seham Furlan
DESIGN DE COMUNICAÇÃO Marco Christini
GESTÃO CIRCUITO UBU/SITE Cinthya Moreira e Vivian T.

UBU EDITORA
Largo do Arouche 161 sobreloja 2
01219 011 São Paulo SP
ubueditora.com.br
professor@ubueditora.com.br
/ubueditora

Dados Internacionais de Catalogação na Publicação (CIP)
Elaborado por Odilio Hilario Moreira Junior – CRB-8/9949

F992m Furtado, Celso [1920–2004]
O mito do desenvolvimento econômico / Celso Furtado;
estabelecimento de texto de Rosa Freire d'Aguiar;
introdução de Leda Paulani; posfácio de Ndongo Samba
Sylla. São Paulo: Ubu Editora, 2024. / 160 pp.
Coleção Explosante
ISBN 978 85 7126 184 6

1. Ciência econômica. 2. Política econômica. 3. Ecologia.
4. Desenvolvimento. I. Título.

2024–2881 CDD 330 CDU 33

Índice para catálogo sistemático:
1. Ciência econômica 330
2. Ciência econômica 33

TIPOGRAFIA Sharp Grotesk e Arnhem
PAPEL Pólen bold 70 g/m²
IMPRESSÃO Margraf